U0612790

全国革命老区县发展史丛书·广东卷

肇庆市高要区革命老区发展史

肇庆市高要区革命老区发展史编委会　编

SPM 南方出版传媒　广东人民出版社
·广州·

图书在版编目（CIP）数据

肇庆市高要区革命老区发展史 / 肇庆市高要区革命老区发展史编委会编. —广州：广东人民出版社，2020.12

（全国革命老区县发展史丛书 · 广东卷）

ISBN 978-7-218-14426-9

Ⅰ.①肇… Ⅱ.①肇… Ⅲ.①区（城市）—地方史—肇庆 Ⅳ.①K296.54

中国版本图书馆CIP数据核字（2020）第156399号

ZHAOQING SHI GAOYAO QU GEMING LAOQU FAZHANSHI

肇庆市高要区革命老区发展史

肇庆市高要区革命老区发展史编委会 编

出 版 人：肖风华

责任编辑：廖志芬
装帧设计：张力平 等
责任技编：周星奎

出版发行：广东人民出版社
地　　址：广州市海珠区新港西路 204 号 2 号楼（邮政编码：510300）
电　　话：（020）85716809（总编室）
传　　真：（020）85716872
网　　址：http：//www. gdpph. com
印　　刷：广州市浩诚印刷有限公司
开　　本：715mm × 995mm 1/16
印　　张：16 **插 页**：10 **字 数**：220 千
版　　次：2020 年 12 月第 1 版
印　　次：2020 年 12 月第 1 次印刷
定　　价：88.00 元

如发现印装质量问题，影响阅读，请与出版社（020-85716849）联系调换。
售书热线：（020）85716826

广东省编纂《革命老区县发展史》丛书
指导小组

组　长：陈开枝（广东省老区建设促进会会长）

副组长：林华景（广东省老区建设促进会常务副会长）

宋宗约（广东省农业农村厅二级巡视员、广东省老区建设促进会副会长）

刘文炎（广东省老区建设促进会副会长）

郑木胜（广东省老区建设促进会副会长）

姚泽源（广东省老区建设促进会副会长兼秘书长）

谭世勋（广东省老区建设促进会副会长）

廖纪坤（广东省农业农村厅总经济师）

办公室

主　任：姚泽源（兼）

副主任：韦　浩（广东省农业农村厅扶贫协作与老区建设处处长）

柯绍华（广东省老区建设促进会副秘书长）

伍依丽（广东省老区建设促进会副秘书长）

肇庆市高要区编纂

《肇庆市高要区革命老区发展史》丛书指导小组

组　长：陈　端

副主任：杜朝养

成　员：梁汝森　朱成祥　郑卫新　梁建新

《肇庆市高要区革命老区发展史》编委会

总序

在举国欢庆新中国成立 70 周年前夕，中国老区建设促进会王健会长请我为《全国革命老区县发展史》丛书作序，作为一名在老区战斗过并得到老区人民生死相助的老兵，回首往事，心潮澎湃，感慨万千，深感义不容辞，欣然应允。

中国革命老区，是以毛泽东为代表的中国共产党人在领导人民推翻帝国主义、封建主义和官僚资本主义三座大山，争取民族独立和人民解放伟大斗争中建立的革命根据地，在这片红色的土地上，诞生了无数可歌可泣的革命英雄儿女，为后人树起了一座不朽的丰碑，她是新中国的摇篮，是党和军队的根。

在艰苦卓绝的战争年代，老区人民把自己的命运与中华民族的命运紧紧地联系在一起，与中国共产党和人民军队的命运紧紧地联系在一起，他们生死相依，患难与共。我曾亲历过战争年代，并得到过老区红哥红嫂的救助，切身感受到发生在身边的一幕幕撼天动地的革命故事，在那极其艰难的条件下，老区人民倾其所有、破家支前，不怕艰难困苦，不怕流血牺牲。“最后一碗米送去做军粮，最后一尺布送去做军装，最后一件老棉袄盖在担架上，最后一个亲骨肉送去上战场”，这是当时伟大的老区人民为建立新中国做出巨大牺牲的真实写照，它将永远镌刻在中国共产党、中国人民解放军、中华人民共和国的历史丰碑上。他们的光辉业绩永载史册，他们的革命精神必将影响一代又一代的革命新人，造就一代又一代的民族脊梁。

在社会主义革命和建设时期，革命老区和老区人民响应党的号召，面对落后的面貌、脆弱的经济、恶劣的生态环境，他们本色不变，精神不丢，自力更生，艰苦奋斗，干一行爱一行。始终坚持“革命理想高于天”，自觉做共产主义远大理想的坚定信仰者和忠实实践者，勇于向恶劣的自然环境和贫穷落后宣战，他们在各条战线上为国建功立业，用平凡的双手创造了一个又一个不平凡的奇迹，彰显了老区人的崇高精神和人格力量。

在改革开放的伟大进程中，老区人民解放思想，勇于创新，发奋图强，攻坚克难，老区的经济社会建设取得了辉煌成就。特别是在改变中国的面貌、中华民族的面貌、中国人民的面貌、中国共产党的面貌的伟大实践中发挥了至关重要的作用。老区人民既是改革开放的参与者，也是改革开放的推动者。

艰苦练意志，危难见精神。老区人民在近百年的革命战争、社会主义建设和改革开放的伟大实践中，孕育形成了伟大的老区精神：爱党信党、坚定不移的理想信念；舍生忘死、无私奉献的博大胸怀；不屈不挠、敢于胜利的英雄气概；自强不息、艰苦奋斗的顽强斗志；求真务实、开拓创新的科学态度；鱼水情深、生死相依的光荣传统。这是党和人民宝贵的精神财富、丰厚的政治资源，是凝心聚力、振奋民族精神的重要法宝，也是社会主义核心价值观的重要内容。

中国老区建设促进会怀着强烈的政治责任感和历史使命感，组织全国各地老促会人员克服困难，尽心竭力编纂《全国革命老区县发展史》丛书，记录老区的光辉历史和辉煌成就，传承红色基因，弘扬老区精神，是功在当代，利及千秋的一件大事。手捧这部丛书的部分书稿，读着书中的故事，倍感亲切，深感这部丛书具有资政、育人、存史的社会功能，有着重要的时代和历史价值。它是不忘初心、牢记使命的源头活水，是赞颂共产党、讴歌老区人民的一部精品力作，是弘扬老区精神、传承红色记忆的丰厚载体，是一项继承优秀传统文化、弘扬革命文化、发展社会主义先进文化，坚定“四个自信”的宏大文化工程。它必将成为一种文化品牌，为各界人士了解老区宣传老区支持老区提供一部有价值的研究史料。希望读者朋友们能从中了解并牢记这些为党和民族的利益不断奉献的老区人民，从中得到教益，汲取人生奋斗的精神动力。

新时代赋予新使命，新起点开启新征程。让我们更加紧密地团结在以习近平同志为核心的党中央周围，坚持以习近平新时代中国特色社会主义思想为指导，增强“四个意识”，坚定“四个自信”，做到“两个维护”，弘扬老区精神，铭记苦难辉煌。为实现“两个一百年”奋斗目标，实现中华民族伟大复兴的中国梦作出新的更大的贡献！

迟浩田

2019 年 4 月 11 日

2017年6月，中国老区建设促进会组织全国各地老促会启动编纂《全国革命老区县发展史》丛书，按照“建立中国共产党、成立中华人民共和国、推进改革开放和中国特色社会主义事业”三大里程碑的历史脉络，系统书写革命老区百年历史，深入挖掘革命老区红色文化资源，这对于充实丰富中国革命史籍宝库，在新时代传承红色基因、弘扬革命精神、强固根本，对于激励人们在新的历史条件下夺取中国特色社会主义伟大胜利，实现中华民族伟大复兴的中国梦具有重要意义。

丛书编纂以习近平新时代中国特色社会主义思想为指导，以《中国共产党历史》《中国共产党的九十年》等重要文献为基本依据，以党的领导为核心，以老区人民为主体，以老区发展为主线，体现历史进程特征，突出时代发展特色，坚持辩证唯物主义和历史唯物主义相统一、历史真实性与内容可读性相统一的原则，书写革命老区从站起来、富起来到强起来的光辉革命史、不懈奋斗史、辉煌成就史，把老区人民的伟大贡献、伟大创造、伟大成就、伟大精神充分展示出来，形成一部具有厚重历史特征和鲜明时代特色的精品力作。这是一部培根铸魂、守正创新，既为历史立言，又为时代服务，字里行间流淌着红色血脉、催生着革命激情的传世之作。丛书的编纂出版将成为讴歌党讴歌人民讴歌时代、传播红色文化、为革命老区和老区人民树碑立传的重要载体。

丛书按照编年体与纪事本末体相结合、以编年体为主的编写体例确定框架结构；运用时经事纬、点面结合的方式记述史实；坚持人事结合、以事带人的原则处理人与事的关系；采取夹叙夹议、叙论结合以叙为主的方法展开内容。做到了史料与史论、历史与现实、政治与学术统一，文献性、学术性、知识性相兼容。

为编纂好《全国革命老区县发展史》丛书，打造红色文化品牌，中国老区建设促进会认真组织积极协调，提出政治立场鲜明、史料真实准确、思想论述深刻、历史维度厚重、时代特色突出、编写体例规范、篇目布局合理、审读把关严格、出版制作精良的编纂出版总要求，力求达到革命史籍精品的精神高度、思想深度、知识广度、语言力度，增强丛书的权威性和社会影响力。各省（区、市）、市（州、盟）、县（市、区、旗）老促会的同志，以强烈的使命感、责任感和紧迫感，勇于担当，积极作为，认真实施，组织由老促会成员、专家学者等参加的十余万人编纂队伍。编纂工作主体责任在县，省、市组织协调、有力指导、审读把关。各方面人员以高度负责的精神和科学严谨的态度，满腔热情地投入工作，为丛书编纂出版作出了重要贡献。丛书编纂工作还得到了党和国家有关部委、地方各级党委政府及有关部门的大力支持和积极参与，社会各界也给予了热情帮助。中共中央政治局原委员、中央军委原副主席、原国务委员兼国防部长迟浩田上将，对老区人民怀有深厚感情，对革命老区建设发展十分关注，欣然为《全国革命老区县发展史》丛书作总序。

丛书由总册和1599部分册（每个革命老区县编纂1部分册）组成，共1600册。鉴于丛书所记述的史实内容多、时间跨度长和编纂时间紧，不妥之处，敬请批评指正。

中国老区建设促进会

● 今日高要 ●

千年古郡高要

高要城区

美丽家园

府前大街

璀璨明珠

阅江大桥

“彩虹”飞架——南广高铁桥（李金泉　摄）

高要工业园区

高速公路网遍布城乡（许庆彬　摄）

白土镇中心卫生院

江桥夜色（李显才　摄）

高要水边新居

高要农民的新居

高要革命老区乡村道路

高要老区乡村路路通

美丽乡村社播

高要环保能源开发项目

回龙镇黎槎八卦村（梁志锋　摄）

高要龙舟竞渡

江口渔村新貌

乡村公路贯沃野

古村赤水塘

革命老区镇和有老区的镇

活道镇

活道镇变电站

活道镇中学全景

蛟塘镇

蛟塘工业集聚基地

蛟塘中学校园

乐城镇

乐城镇中心卫生院

乐城镇山坑菜基地

水南镇

汕湛高速连老区（水南出口）

水南镇野生蜂蜜养殖基地

白土镇

白土镇初级中学教学楼

白土镇洲龙新貌（肖志君　摄）

莲塘镇

莲塘中学校园

莲塘镇火龙果场

目录 Contents

序言

为了贯彻落实习近平总书记关于“发扬红色资源优势，深入进行党史、军史、老区革命史优良传统教育，把红色基因代代传下去”的指示精神，中国老促会、广东省老促会部署编纂革命老区县发展史（丛书）工作，肇庆市高要区各级领导高度重视，精心策划，认真筹备，认真做好《肇庆市高要区革命老区发展史》的编纂工作。该书的编纂得到有关部门的鼎力支持和离退休老同志的协助，经过一年多的努力，终于与读者见面了。该书的出版，将为社会各界了解老区、宣传老区、支持老区建设提供有价值的史料，为老区全面建成小康社会提供强大的精神动力。

高要是一片充满革命精神的土地。新民主主义革命时期，1925年5月，高要端源乡（乐城）领村成立了农民协会、农民自卫队，开展向地主土豪进行减息减租运动；抗日战争时期，先后在白土的马安村、活道的鳌头村建立了中共党支部，成为地方抗日力量的核心；解放战争时期，要南地区群众配合中国人民解放军胜利解放了肇庆，解放了高要。新中国成立后，党和政府没有忘记革命老区人民的英勇斗争精神和巨大的付出，于1957年成立了老区建设领导小组，于1994年经广东省民政部门批准活道镇鳌头村等178个自然村为革命老区村，其中乐城镇的领村为红色根据地，活道镇的鳌头村、白土镇的马安村为抗日根据地，活道镇活道村等103个自然村、蛟塘镇蛟塘村等58个自然村、莲塘镇荷村等13个自然村和水南镇的分界村共175个自然村为解放战争游击根据地。

高要是一片欣欣向荣的热土，乘改革开放的春风，高要革命老区人民高举习近平新时代中国特色社会主义思想伟大旗帜，努力建设老区、发展老区。近年来，区委、政府加大老区建设力度，使老区的基础设施旧貌换新颜，经济和社会建设大幅增长，人民生活水平不断得到改善，老区人民的获得感、幸福感不断提升。

“草木蔓发，春山可望。”回首过去，我们秉承初心、砥砺奋进；展望未来，我们壮怀激越、铿锵前行。我们要以史为鉴，倍加珍惜今天来之不易的和平环境和幸福生活。我们要继承和发扬革命老区的斗争精神，讲好革命老区的故事，不断激发全区人民爱党爱国、建设家乡的热情，在实现中华民族伟大复兴中国梦的征程中奋力前行！

肇庆市高要区革命老区发展史编委会

2019年4月20日

1

第一章

高要区域和革命老区概况

第一节 基本情况

一、位置、范围与面积

肇庆市高要区位于广东省中部，西江中下游。距广州90公里、香港138海里，处于以广州为中心一小时经济圈内。东接经济发达的珠江三角洲核心区，西连资源丰富的广西、云南、贵州、四川，是历史上海上丝绸之路与陆地丝绸之路对接的交通枢纽，属珠江三角洲、广佛肇经济圈和肇庆市经济发展中心区。全境位于北纬22° 47′ ～23° 26′ 、东经112° 26′ ～112° 52′ 。全区陆地面积2186平方公里。

二、行政区划

明清时期行政区划 明代高要设城厢、10乡（迁修、下围、清泰、崇化、依仁、亲仁、景顺、永寿、云盖、冠盖）、61都（内厢、东厢、西厢、新江、莲塘、磅湖、新村、温贯、白土、横石、丰乐、良村、银江、金山、乌石、漕湾、陶山、黄江、水坑、长利、榄岗、横槎、宝槎、小洲、桂峰、依坑、樟村、岩前、禄栏、倚岭、刘村、桂平、魁星、下冼、古坝、金利、头溪、范洲、典水、金西、新罗、禄罗、官塘上、官塘下、柏树、古耶、赤坎、良江、思福、横江、桂林、禄步、漾源、龙潭、白诸、布院、大湾、都系、山下、马安、都幕）。清末设五班九区，五班：头班为附城，二班为大湾、禄步，三班为新江、宋隆，四班为广利、永安，五班为金利、富湾。一区为附城，二区为禄步，三区为大湾，四区为新江，五区为宋隆，六区为广利，七区为永安，八区为金利，九区为富湾。其中六区、七区今属鼎湖，九区今属高明。

民国时期行政区划　民国时期的行政区域更迭频繁，1929年实行区乡镇自治法，设9区、64乡、421村。1933年实行保甲制，1937年重编保甲。到了1941年改为5区、8镇、85乡、980保、9948甲。1943年再调整为5区34乡，即一区辖古端、北桂、东社、东文、桂湘、禄洞、禄镇、平南、中端、西康、大湾11乡及南岸、小湘、禄步、水南、河台、乐城、大湾等地；二区辖银江、三民、莲坊、三堡、江南、广华6乡（今属新桥、莲塘、白诸、南岸、马安、活道等地）；三区辖白安、回龙、东安、金北、福和、西南、均宁7乡（今属白土、金渡、回龙、蛟塘和莲塘一部分）；四区辖广利、桂院、头溪、槎岗、槎贝、人和6乡（今属鼎湖区）；五区辖金清、堡约、西堡、泰和4乡（今属金利、蚬岗和高明富湾）。

中华人民共和国成立后，行政区划调整为10个区（乐城、禄步、新桥、白土、莲塘、回龙、广利、永安、金利、金渡）1764个乡。1958年设立8个人民公社（乐城、禄步、东风、金龙、广利、金星、新桥、郊区），下设生产大队，生产队。1959年7月，由禄步公社分设白洞公社，金龙公社分拆为白土、回龙、金渡公社，乐城公社分拆为乐城、水南、河台公社，金星公社分拆为金利、蚬岗公社，广利公社分拆为广利、永安、沙浦公社，人民公社增至22个。1963年，白洞公社重并禄步公社。1983年实行区乡建制，把公社改区，生产大队改乡，生产队改村，全县设21个区、6个镇、339个乡、1345个村。1986年，撤区设镇，设22个乡镇、375个村、28个居民委员会。

1988年，广利、永安、沙浦三个镇划归新设立的肇庆市鼎湖区。1989年，高要所属原村民委员会改称管理区办事处，原村民小组改称村民委员会。1998年，撤管理区办事处为行政村，将324个管理区改为行政村，同时把村民委员会改为村民小组。2003年4月，马安镇并入南岸镇。2004年3月，笋围镇并入小湘镇，南岸镇改为南岸街道。2015年7月，高要撤市设区，更名为肇庆市高要区，全区设河台、乐城、水南、禄步、小湘、大湾、新桥、白诸、活道、莲塘、白土、回龙、蚬岗、金利、金渡、蛟塘等16个镇和南岸街道，279个村民委员会，73个社区居民委员会，2624个村民小组，622个居民小组。

三、自然地理与资源

高要境域以吴川—禄步—四会深断裂层为界，地形走势由西北向东南倾斜，境内山冈、河谷、丘陵、平原交错。西北部属山区和半山区，南部属丘陵区，东南部属低塱区。

境内山脉属横贯广东中部罗平山脉（罗定—连平）一部分，主要大山有石牛头山、百册山（与云浮分界）、大端山（与新兴分界）、老香山（与高明分界）、烂柯山（与鼎湖分界）、大面岭、云龙山、新妇岭、三台山（高要、新兴、云浮三地分界处）、三县顶山等。其中，老香山位于革命老区活道镇，为东西走向，海拔698.9米。

西江是高要境内最大的河流，横贯高要中部，流经禄步、小湘、大湾、南岸、金渡、金利等镇（街道），长达64.75千米。西江在高要较大的支流有12条，其中新兴江、大迳河水量充沛。西江在高要境内有三峡：三榕峡（长5千米）、大鼎峡（长0.2千米）和羚羊峡（长7.5千米），有西江“小三峡”之称。

高要属亚热带季风气候，气候温和，降雨量充沛，尤其以5至8月雨量最多，空气湿度大，日照时间长，霜期甚短，宜农宜居。

高要土地总面积218562平方千米，其中耕地面积29016公顷，占总面积13.28%；林地面积130734公顷，占总面积59.82%；园地面积8991公顷，草地面积1014.67公顷，设施农用地1184公顷，分别占总面积4.11%、0.46%和0.54%。

境内土壤类型多样，土地资源丰富，有砂页岩、花岗岩、河流冲积物和宽谷冲积、洪积物等。

境内的土壤有自然土壤和人为土壤之分。自然土壤分赤红壤、红壤、黄壤、红色石灰土、水稻土、基水地和潮沙泥土等7个土类、11个亚类、45个土种。主要分布在西北部及西南部的大片高丘和低山。人为土壤宜种植水稻，所以，水田是人为土壤的主要类型。境内水田面积35263公顷，占全市总面积16.13%，大部分集中在中部、东部平原丘陵区。

高要矿产资源丰富，是广东著名的“黄金之乡”。主要矿种有黄金、煤炭、砚石、石灰岩、泥炭土、独居石、花岗岩、天然气、云母、萤石、石膏、钾长石、硫铁、锰、铅、锌、钼、钨、磷、白云石等30多种。其中黄金储量居华南之首，主要分布在河台、金利等镇，水南、禄步、小湘、莲塘曾有发现。高岭土可开采储量近1亿吨，河台尚德、水南石牛头、大湾五柳、白土舟龙村后山等为主要产地。石灰岩原有地质储量5000万吨。砚石分布于金渡镇砚坑、杨梅坑和小湘、金利等地，其中砚坑村有老坑、麻子坑、坑仔等三大端砚名坑；矿石花纹种类繁多，常见有青花、火捺、金景点、玫瑰紫、石眼、鱼脑冻、蕉叶白、鹧鸪斑、金银线、天青、翡翠水纹等。铁矿分布境内各地，探明D级地质储量1300万吨；石英石储量约120万吨，主要分布在乐城、金渡等镇。

高要有丰富的地表水资源，西江及其支流多年平均径流量为2260.75亿立方米，全区水能理论总蕴藏量约6.28万千瓦。地下水资源也十分丰富，多年平均地下水径流量6.12亿立方米，相当境内产地表水径流量的34.9%。所以，区内绝大部分水源可以满足农业和生活用水。

高要野生植物品种较多，天然植物和人工栽培植物有280个科、1123属、2456种，已开发利用的野生药用植物主要有三丫苦、紫花杜鹃、毛冬青等数十种。水稻是高要主要的栽培植被作物。

野生动物种类繁多，受国家保护的野生动物有蟒蛇、虎纹蛙、猫头鹰、穿山甲、小灵猫、白鹇、长耳鸮、草鸮、褐翅鸦鹃、雀鹰、松雀鹰等；属广东省重点保护野生动物的有棘胸蛙（石蛤）、沼蛙、豹猫、豪猪、白鹭（白鹤）、黑水鸡、白额山鹧鸪等。此外，高要境内有益的、有经济价值和科研价值的眼镜王蛇、眼镜蛇、金环蛇、银环蛇等蛇类和山猪、黄猄、禾花雀等也属保护之列。

高要的旅游资源丰富。高要地处亚热带，气候温和，自然景观复杂多样，山岳、峡谷、水库、江河，多姿多彩。高要历史悠久，文物古迹众多。高要县城长期是郡、州、府、路、专区治所，保留众多的古建筑、古遗址。文化遗址有金利茅岗水上木构建筑遗址、莲塘平兴县城遗址和察步陶窑遗址。古墓有南岸土地咀汉墓、莲塘梁竹屏墓、白土吴桂丹墓。古建筑有南岸文明塔、巽峰塔、十八坊书院、金利镇金洲塔、白土镇五云书院以及黎槎村、槎塘村、蚬岗村、坑尾村等古村落及遍布乡村的古祠堂。其中黎槎村、蚬岗村被评为广东省首批古村落。近现代重要史迹有乐城领村端源乡农民协会遗址、领村农民自卫军总部旧址、领村革命烈士纪念碑、活道鳌头村联络站遗址、抗日自卫队旧址。主要旅游景点有金钟山省级森林公园、烂柯山省级自然保护区、宋隆小镇、砚坑紫云谷、肇庆高尔夫度假村、黎槎古村落、上清湾天主堂等。

四、人口与方言

高要总人口807547人（2018年），其中流动人口39300多人。高要的方言主要有两大语种，一种是粤方言，又称广州方言、广府话（俗称白话）；另一种是客家方言，又称客家话。高要粤方言属广府片，与广州话在语法上没有多大差别，高要粤方言中，主要分布在靠近珠江三角洲核心区的各镇，又因各地口音不同，派生出各具地方色彩的"白土话""回龙话""金利话"等。客家方言主要分布于西北山区，以水南镇为代表。然而，高要的客家人也会讲粤方言。

五、民族与宗教

高要为广东多民族居住地区之一。先秦时期，境内原住民以古越族为主。秦统一岭南以后，中原人口陆续南迁入粤，汉越杂居交融。高要境内居民，汉族占绝大多数，少数民族主要有壮族、回族、满族、仫佬族、藏族、瑶族、侗族、苗族、维吾尔族、布依族、土家族、京族、黎族、仡佬族、蒙古族、畲族、彝族等。据2000年第五次全国人口普查统计，高要少数民族人口1784人，约占全区总人口的0.28%。

高要宗教有佛教、道教、伊斯兰教、天主教、基督教等。佛教是境内最早传入的宗教。唐开元元年（713年），六祖慧能高徒智常禅师在鼎湖山创建白云寺，其弟子希迁成为佛教史上的著名人物。历代建有慧日寺、宝莲寺和梅庵等七寺三庵。道教兴盛于明清时期，在县城建有玄真观、应元观、三圣宫、三仙观、玉皇殿等12间和佛道兼奉的七星岩水月宫。此外，还有白诸的云龙观，莲塘的洞天观（又称纯阳观），大湾的大鼎观等。

高要是广东最早传入伊斯兰教的地方之一。明清时期，由于回族军人南下和各地有伊斯兰信徒到肇庆任职而落籍高要，高要县城便成为回族穆斯林在广东的第二聚居地。天主教则是明万历十一年（1583年），由利玛窦等来肇庆开始传教而传入中国，之后有天主教堂、“仙花寺”、“道源斋”和大湾金桂天主教堂、勒竹围天主教堂、圣家院、贤后院等。

基督教在华传教活动的合法化，是在鸦片战争后。在县城肇庆镇和新桥、大湾、莲塘等地设浸信会，建天主教堂。

六、华侨、港澳台同胞

高要属广东侨乡之一，旅居海外的侨胞和港澳台同胞约24万人，其中香港同胞12.85万人，澳门同胞0.83万人。旅居海外侨胞约8万人，主要分布在澳大利亚、新加坡、马来西亚、越南、印尼、美国、泰国、加拿大、古巴、英国、新西兰、柬埔寨、荷兰、缅甸、菲律宾、日本、意大利、智利、印度、委内瑞拉、老挝、法国、莫桑比克、朝鲜、斐济、巴西、阿根廷等30多个国家和地区，居肇庆第一。祖籍以回龙、白土、新桥、蛟塘、金渡、金利、大湾等镇居多。海外华侨以回龙镇最多，其次是白土、蛟塘、金渡镇；港澳同胞以新桥、金利、金渡、白土镇为主。

第二节　历史沿革

距今五千多年前就有高要先民在此繁衍、生息、劳动。先秦为百越之地，西汉元鼎六年（前111年）置高要县，因羚羊峡有居高扼要之势而得名。两千一百多年来，一直沿用高要之名，是全国罕见的千年古县之一。高要自古是中原进入广州的重要通道，成为广东开发较早的地区之一。自南朝梁天监六年（507年）始置高要郡起，长期是郡、州、路、府、专区之治所，广州都督府、两广总督府、中华民国军务院先后驻治高要，使高要成为岭南重要的政治、军事、文化和经济中心。

高要古为百越之地。春秋战国时期属楚国势力范围，秦属南海郡。汉高帝元年（前206年）赵陀建南越国，统治象郡、桂林郡和南海郡。西汉元鼎六年（前111年）汉武帝平定南越吕嘉之乱，始置高要县，隶属苍梧郡。南朝梁天监六年（507年）置高要郡，辖高要、博林二县，高要成为地区政治中心。隋开皇九年（589年）始置端州，辖高要、端溪、乐城、平兴、新兴、博林、铜陵七县。大业三年（607年）改端州为信安郡，仍治高要。唐武德四年（621年）复称端州，辖高要、平兴二县。天宝元年（742年）改端州为高要郡，乾元元年（758年）又复为端州。宋绍圣三年（1096年）神宗之子赵佶被封为端王，以端州为封地。四年后赵佶即位为宋徽宗，升端州为兴庆府，置兴庆军节度。重和元年（1118年）改兴庆府为肇庆府。元至元十七年

（1280年）改肇庆府为肇庆路。明洪武元年（1368年）改肇庆路为肇庆府，仍以高要为治所。嘉靖四十三年（1564年）两广提督（后改为两广总督）驻地由梧州迁至肇庆，高要从此成为两广军事、政治、文化中心，时达182年。清顺治七年（1650年），清兵攻占肇庆，高要县仍属肇庆府。宣统三年（1911年）11月9日，肇庆宣布反清独立。民国初期隶属粤海道，民国9年（1920年）废道后由省政府直辖。民国21年（1932年）属西北区绥靖委员公署，民国25年（1936年）8月属第三区行政督察专员公署，民国38年（1949年）4月属第十一区行政督察专员公署。

1949年10月18日，中国人民解放军第二野战军第四兵团进入肇庆镇，高要获得解放。10月20日，粤中纵队第六支队开进肇庆，翌日成立肇庆区军事管制委员会。11月11日，设立西江行政督察专员公署；20日成立中共高要县委员会。同日肇庆镇升格为肇庆市。1950年3月复肇庆镇。1952年12月，撤销西江区专员公署，高要改隶粤中行政区。1956年1月改设高要专区，辖高要、四会、云浮、广宁、怀集、郁南、德庆、新兴、罗定、封川、开建等11县。1958年4月，肇庆镇改为肇庆市。12月高要专区与佛山专区的台山、新会、开恩、高鹤及江门市合为江门专区，以肇庆市为治所。同月肇庆市改为肇庆镇。1961年4月，江门专署改为肇庆专署，肇庆镇升格为肇庆市，与高要从此分治，县治仍设肇庆市区，直至1988年迁入新县城南岸镇。1968年成立高要县革命委员会，1970年10月改属肇庆地区。1979年恢复高要县人民政府。1988年1月肇庆地区改为肇庆市，下辖端州区（原肇庆市）、鼎湖区（原高要广利、永安、沙浦三镇）和高要、四会、广宁、怀集、封开、德庆、云浮、新兴、郁南、罗定等10县。1993年9月28日，经国务院批准，撤销高要县，设立高要市（县级），由广东省直辖，委托肇庆市代管。2015年4月，国务院批复同意广东省调整肇庆市部分行政区划，同意撤销县级高要市，设立肇庆市高要区，以原高要市的行政区域为高要区的行政区域，高要区人民政府驻南岸街道府前大街25号。7月20日，肇庆市高要区举行成立大会暨挂牌仪式，高要正式纳入肇庆市中心城区范围。

高要建县以来，境域几经变迁。晋元熙二年（420年）析高要县地置平兴、博林二县（平兴在高要、高明之间，距高要县城50里，博林在高要县城西南80里）。唐贞观十三年（639年）省博林入高要，省清泰入平兴。明成化十一年（1475年）十二月析高要县东南境崇化、依仁、景顺、迁修共25都38里置高明县。嘉靖五年（1526年）五月，析高要县东境镇南、平田、五顶、清塘、长岐、龙池、利琼、白坭、上白坭、下洲、裕隆共11都120里置三水县。万历五年（1577年）析高要县西境的思劳、恩辨、杨柳、都骑共4都4里置东安县（今属云浮市）。1952年春，划高要县泰和乡归高明县。1961年4月成立肇庆专区，肇庆镇从高要县分出，升为肇庆市（县级）。1971年1月，析高要县小湘公社大龙、兰龙两个生产大队归肇庆市管辖。1977年10月，析高要县小湘公社的蕉园大队归肇庆市管辖。1986年10月，肇庆市乌榕村划归南岸镇。1988年，析高要县广利、永安、沙浦三镇，置肇庆市鼎湖区。

第三节 经济社会概述

改革开放四十年来，特别是借助纳入珠三角发展和粤港澳大湾区规划建设的东风，使高要的经济社会实现了跨越发展。近年，高要按照肇庆市建设粤港澳大湾区连接大西南枢纽门户城市的部署，综合实施稳步增长，经济发展稳中有进，展现了以下的几个特点。

一、经济运行企稳向好

高要区围绕高质量发展要求，着力打基础、求质量、谋发展，经济保持稳中向好，2017年全年地区生产总值实现406.44亿元，同比增长3.6%。一般公共预算收入实现13.53亿元，完成上年末调整计划的100.41%。规模以上工业增加值实现136.95亿元。固定资产投资实现289.51亿元，同比增长8.5%。社会消费品零售总额实现91.57亿元，同比增长9.5%。金融机构各项存贷款余额分别为317.4亿元、166.28亿元。三大产业比例从2016年的18.1：55.9：26.0调整为18.7：42.7：38.8。城乡常住居民年人均可支配收入实现22371.2元，同比增长7%。纳入省市的19个重点项目完成投资71.49亿元，完成年计划的133.1%，投资进度位居全市首位。高要区再度上榜“全国中小城市综合实力百强”和“全国最具投资潜力中小城市百强”。

（一）

2018年主要经济指标实现从止负转正、企稳回升到大幅增长的“三级跳”。全年实现地区生产总值430.84亿元，增长7.4%，比2017年（+3.6%）提高3.8个百分点，总量继续在肇庆领跑；一般公共预算收入15.06亿元，增长11.3%，比2017年（–7.8%）提高19.1个百分点，其中税收收入占比77.18%，财政质量为历年最好；规上工业增加值151.94亿元，增长8.1%，比2017年（–0.2%）提高8.3个百分点。列入省、市23个重点建设项目完成年度投资计划139.28%，居全市首位。广东肇庆（高要）汽车零部件产业园被省政府认定为省级产业转移工业园，高要金利五金智造小镇入选省级特色小镇培育库。成功举办“肇庆金秋”之高要区全面融入粤港澳大湾区投资洽谈会，全年累计签约项目合同投资额226.6亿元，为历年最高，完成年度任务188.83%，成功引进投资160亿元的国信（肇庆）教育文旅产业项目。在建通用厂房42万平方米，其中30万平方米通用厂房已封顶。全区“规下”转“规上”新增入库企业41家，净增20家，均居全市第一；全区获批高新技术企业34家，新增30家、净增29家，均居全市第一；全区PCT[①]专利申请量位居全市第一，比2017年增长近三倍。“西江人才计划”“高要雄才计划”深入实施，新引进和培育博士7人、硕士23人、高级职称专业技术人才93人。天龙油墨、鸿图科技等两家企业再度入选全省500强企业；肇庆科培信息科技有限公司（广东理工学院）成为全市首家在香港上市的企业。我区被评为2018年度“全国投资潜力百强区”“全国绿色发展百强区”。

① PCT，Patent Cooperation Treaty的缩写，是有关专利的国际条约。根据PCT的规定，专利申请人可以通过PCT途径递交国际专利申请，向多个国家申请专利。

（二）

按照中央、省委、市委关于全面深化改革的总体部署，紧扣要点、突破关键，各项改革纵深推进。供给侧结构性改革不断深化，“放管服”改革和“数字政府”建设持续推进。实施提升开办企业便利度行动，新开办企业从原来的25个工作日缩减到最快3个工作日可领取营业执照，在全省排名第四。区内政府性投资项目审批时限从原来的213个工作日缩减到28个工作日，社会性投资项目从原来的206个工作日缩减到21个工作日。实施“双容双承诺”产业项目直接落地制度，推行“互联网+开办企业服务”，实施应用全程电子化商事登记。在全市率先开展“百行服万企”小微融资专项行动，有效解决民营企业融资难、融资贵问题。全省首个不动产登记“虚拟窗口”试点在我区正式上线。全国基层政务公开标准化规范化试点完成验收，被省确定为良好等级。农村综合改革扎实推进，莲塘镇波西村入选“广东改革开放示范百村”。

（三）

坚持初心不变、力度不减，扎实开展文明城市创建工作。以创文“八大整治提升行动”和迎省运“五点一线”环境综合整治为抓手，投入2.2亿元，大力开展市容市貌、环境卫生、交通秩序、基础设施、集贸市场、城中村及乡镇环境等专项整治，完成23条背街小巷整治工程（含老旧小区改造）以及城市主要出入口美化亮化、街头小景和街心公园工程、城区主要景点灯光工程建设，群众满意度、幸福感大幅提升。创新开展把党支部建在创文测评点和网格上的活动，充分发挥党员示范带动作用。精神文明创建活动深入开展，“1+X”社会主义核心价值观建设工程扎实推进，开展“好习惯、好家风、好村风”和首届“最美高要人”评选活动，选出100名高要“身边好人”和24名“最美高要人”，社会主义核心价值观进农村、进企业、进社区、进家庭、进校园活动不断深入，崇德向善、见贤思齐、德行天下的良好风尚逐步形成。

（四）

大力实施乡村振兴战略，推动农业全面升级、农村全面进步、农民全面发展。我区被农业农村部确认为全省五个全国农村一、二、三产业融合发展先导区创建单位之一，成为全国主要农作物生产全程机械化示范县。现代农业发展“611”工程加快推进，高要南药现代产业园被省批复列入首批15个现代农业产业园之一，获得省级财政补助资金5000万元。乐城镇乡村振兴示范镇“书记项目”全面启动，“河乐水”乡村旅游示范区建设有序推进，乐城镇社播村率先完成社会主义新农村示范点主体工程建设，成功承办肇庆市庆祝首个“中国农民丰收节”主会场以及首届“稻草文化旅游节”活动；水南镇被认定为省森林小镇。农村人居环境综合整治全域推进，每个镇（街道）各两个“美丽乡村示范村”建设进展顺利，其中首批六个“重点乡村振兴示范村”带动效应明显。回龙镇澄湖村被认定为“中国古村落”，是肇庆市目前唯一一条“中国古村落”。

（五）

始终牢固树立风险意识，着力防风险、补短板。坚决打好防范化解重大风险攻坚战，成立政府性债务管理领导小组，制定隐性债务化解实施方案和政府性债务风险应急处置预案，有效防范化解金融风险，没有发生系统性金融风险。坚决打好精准脱贫攻坚战，社会保障兜底实现全覆盖，贫困户危房改造基本完成，累计投入扶贫资金6536.41万元，启动产业扶贫项目和资产扶贫项目3334个，带动1268户贫困户发展生产，全年实现预脱贫1129人；对口帮扶广西龙胜、怀集桥头扶贫协作成效明显，年度精准脱贫任务全面完成。探索推出“集体公益林+精准扶贫”贷款模式，成功发放全省农合机构首笔集体公益林贷款。坚决打好污染防治攻坚战，顺利完成中央环保督察“回头看”工作任务，全面落实“河（湖）长制”，有效处置跨省非法收集转移固体废物案件。2018年高要城区空气质量综合指数在东南板块排名第三，新兴江山口段省考核断面水质实现Ⅳ类目标，按期完成市级饮用水源保护地违建清理任务。有效破解“邻避效应”，肇庆市环保能源发电项目顺利动工建设。

（六）

坚持以人民为中心的发展思想，着力办好民生实事。全区财政投入民生类支出28.7亿元，占一般公共预算支出75.27%，全体居民人均可支配收入增长5.8%，十件惠民实事基本完成。全区城镇新增就业6610人，城乡居民基本养老保险覆盖率超99%，基本医疗社会保障覆盖率达98%以上，新增义务教育学位4200个，高要区人民医院南岸分院正式投入使用。社区康园中心实现各镇（街道）全覆盖。首批36套干部周转房投入使用。全力做好省第十五届运动会高要赛区工作，全程实现“零差错、零投诉、零事故”。紫云大道升级改造工程、省道273线新桥大桥改造工程、省道264线乐城至禄步段灾毁路面改造工程如期建成通车，新兴江一桥（湖西桥）动工建设。深入开展扫黑除恶专项斗争，打掉涉黑涉恶犯罪团伙33个，破获涉黑恶案件87宗；开展各类专项打击整治行动，各类刑事案件立案同比下降14.95%，社会治安持续良好。依托综治三级平台共排查各类矛盾纠纷1090宗，调处成功率99.9%，成功化解省、市交办重点个案（事件）十宗并已销案，全年没有发生进京上访事件。全国科普示范区创建成果有效巩固，平安法治高要建设持续推进，园林园公园上榜2018年省级“法治文化主题公园”，金渡镇大坑社区获评“全国民主法治示范村（社区）”，区司法局金渡司法所被评为“全国模范司法所”。众志成城抗击台风“艾云尼”“山竹”，高考护考高要考区无一学生因台风影响而缺考。由我区选出的省人大代表夏冠新牵头提出的广茂铁路新桥道口立交改造于2018年底建成通车，新桥镇及周边十多万群众近30年“等火车过马路”的日子一去不复返。快速处置小湘镇汉塘桥垮塌事件，用七天时间解决了8000多名村民出行难问题。一年来，群众获得感、幸福感、安全感不断提升，高要区入选2018年度“中国幸福百县榜”。

二、实体经济质量提升

坚持产业强区，工业发展“366”工程、创新驱动“1133”工程取得新成效，“三去一降一补”工作取得新进展。设立3亿元扶持和促进实体经济发展资金，出台扶持实体经济发展28条政策措施。据2017年统计，全年为企业减负6.01亿元，帮助企业获得风险补偿金及转贷资金9036万元，解决企业发展存在问题238家次，淘汰钢铁行业落后产能企业6家。新能源汽车、先进装备制造和节能环保产业预计分别实现产值60.8亿元、128亿元和10.6亿元。实现年主营业务收入超1亿元、5亿元、10亿元、20亿元、50亿元企业分别达到185家、73家、15家、3家、2家。天龙油墨、鸿图科技、金鼎黄金入选省500强企业。新增规模以上工业企业33家。鸿图科技公司定向增发股份4.24亿元收购宁波四维尔股份公司。新荣昌公司在北京挂牌上市。新增高新技术企业20家。高新技术产品产值占规模以上工业总产值达32.43%。新增工业技改投资增长56%，实施技改规模以上工业企业增长88.9%。高要区成为全市首个国家知识产权强县工程示范县（市、区）。肇庆（高要）智能制造研究院获批省新型研发机构，“智肇创客汇”建成国家级创新服务平台。新增省级工程技术研究中心8家。发明专利申请量、拥有量分别增长67%、62%。拥有注册商标4394个、国家驰名商标4个、省著名商标11个、省名牌产品7个。全区“百项重点工作”按计划稳步推进。

三、园区建设扩能增效

“园区建设年”成效良好。六大工业园区预计实现工业总产值234.8亿元，同比增长13%。新增建设用地6349亩，新开发及盘活用地2673亩，完成通用厂房建设31.75万平方米。新增合同项目、动工项目、投产项目分别为11个、12个、20个。由区委常委兼任园区办公室主任，落实园区定目标、定任务、定时间的考核制度。出台陶瓷产业退出工作方案、五金升级示范区工作实施方案、历史遗留“五无”工程问题解决方案。依法依规解除了华粤新城等6个项目的协议（合同），释放土地达14.45万亩。

四、招商引资全面发力

“招商引资年”成果丰硕。组建区招商委员会，成立10个招商小组，安排招商资金600万元，出台招商引资鼓励办法、镇（街道）招商引资鼓励办法等文件，实施镇（街道）招商税收分成制度及到位资金奖励办法。全年引进信基产业园、方恒新材料、凯中生物产业园等12个工业项目，超额完成市下达80亿元的招商引资任务。与中铁联合体、棕榈股份、中海外智慧城市科技集团等大企业签订战略合作框架协议，投资总额超300亿元。启动实施“高要雄才计划”，落实市“西江人才计划”，成功引进26名优秀专家。成立高要建投投资开发有限公司。新增获批融资项目11个，总投资67.92亿元，获批59.61亿元。西江国际未来科技城PPP项目和新一轮水质净化设施建设PPP项目进入省PPP项目库，总投资204.87亿元。

五、城市面貌明显改善

2017年，投入5.6亿元全面开展创文攻坚，办好一大批民生实事，城乡面貌大幅改善，得到全区人民的鼎力支持和广泛认同，社会效益显著。其中农村生活垃圾有效处理率达97.1%，保洁覆盖面达100%；拆除违建67.64万平方米，增设汽车停车位17741个、摩托车位19874个，升级改造集贸市场35个，清理“牛皮癣”24.28万平方米，提升了人居环境。中心城区控规覆盖率约90%，9个镇已完成重点区域控规工作，紫云新城、江滨新城、南岸旧城区和健康产业生态城片区规划建设加快，珠三角新干线机场、空港经济区、空港新城规划有序推进。阅江大桥、广佛肇高速高要段顺利通车，完成了紫云大道升级改造工程，省道362线蚬岗至金渡段一级公路改建工程开工建设，肇庆大桥扩建改造、城区过境公路工程扎实推进。完成农村道路硬底化建设50公里，新建改建农村桥梁4座。商品房销售面积83.13万平方米，同比增长64.8%；销售金额44.1亿元，同比增长121%。回龙宋隆小镇成为省级特色小镇示范点。这些基础设施建设的完成，使城市面貌得到明显的改善和提升。

六、现代农业步伐加快

2017年农村经济总收入421亿元，同比增长3.56%；农民人均纯收入17882元，同比增长4.83%。高要区成为全省唯一获得2017年全国主要农作物全程机械化示范县称号的县（市、区），被认定为省级出口食品农产品质量安全示范区。活道镇仙洞村被评为“第七批全国一村一品示范村”。完成广东省（高要）粤台农业合作试验区核心区建设工程。新增省级种植标准化示范区1

家、市级农业龙头企业1家，省级、市级农民合作社示范社分别为4家、11家，拥有无公害农产品产地认证41个、无公害产品认证60个、省级名牌产品9个、地理标志保护产品4个、绿色食品1个。入选省名特优新农产品17个。“肇庆十里农业生态旅游长廊”建设项目顺利推进。创建生态文明示范村17个、广东名村13个。完成高标准基本农田建设1.35万亩。解决历史留用地1947.7亩，全面完成省市下达的任务。农村土地承包经营权确权颁证率达95.28%，排名全市第一。新增森林公园3个，绿化美化乡村23个，实施人居环境改造316个村，碳汇林抚育2294亩。桉树林分改造扎实推进。造林更新2500亩，森林抚育7.62万亩，森林覆盖率60.15%。

七、民生事业全面发展

财政投入民生类支出25.07亿元，占一般公共预算支出的80.79%，为历年最高。城区免费无线网络（Wi-Fi）全面开通，棚户区改造项目进展顺利。投入扶贫资金6200万元，实施到户帮扶项目3.09万个，改造农村危房470户，达到省预脱贫标准2091人。与广西龙胜县扶贫协作扎实开展。社会主义新农村示范点建设全面启动，40个村完成村村通自来水工程建设。投入2.66亿元完成151个农村电网改造项目；投入1.38亿元实现智能电表全覆盖；实施国家电力惠民政策，降低企业及居民用电成本2.5亿元。城乡最低生活保障标准提高到每人每月680元。区人民医院新院完成立项工作，区中医院新综合大楼动工建设。公建民营规范化村卫生站74间，新增省卫生村21个，河台镇、回龙镇顺利通过省卫生镇复审。分级诊疗和家庭医生签约服务全面推进。通过“广东省推进教育现代化先进县”督导验收，实施6所中小学扩建工程。创建肇庆市文明校园53所，实现文明校园全覆盖。建成131个行政村（社区）综合性文化服务中心，设立5个区图书馆分馆。成功举办第十一届区运会，获评全国群众体育先进单位。省运会高要场馆完成建设。配合市成功举办万人书写大会活动。维护职工合法权益，实现普惠服务职工体系常态化运作，“五有”职工之家建设卓有成效。实施4宗中小河流水质综合治理，9个镇水质净化中心建设加快推进。切实抓好中央和省环保督察问题整改。强化大气污染防治，空气质量综合指数为4.41，空气质量优良天数比例达89.6%，空气质量优良率跃升东南板块第一位。全面落实“河（涌）长制”。淘汰黄标车888辆，完成率达112.98%。在18家农贸市场开展食用农产品快检，合格率达98.64%。食品药品安全、安全生产、社会治安形势总体稳定，平安高要建设扎实推进。公安干警听党指挥，敢于担当，忠诚履职，有力维护了高要的平安和稳定。武装、人防、物价、打假、打私、统计、对台、气象、保密、档案、妇儿、旅游、残疾人、地方志、应急管理、防灾减灾、民族宗教、外事侨务、粮食储备、市场监管等工作取得新成效。

八、政府效能不断加强

深入开展“解放思想，实干兴肇”教育实践活动，高度重视法治政府、效率政府、服务政府、廉洁政府建设，着力解决干部队伍思想不解放、作风不转变、为官不作为的庸政懒政怠政行为，不断增强政府部门“统筹、协调、监管、指导”的意识和能力，政风明显好转。坚持向区人大及其常委会报告工作，向区政协通报情况，办理人大代表建议52件、政协委员提案41件，办复率100%。法治政府建设全面推进，建立健全重大行政决策公众参与、专家论证、合法性审查、集体讨论决定等法定程序，坚持依法科学民主决策。制定并向社会公布重大行政决策事项目录。修订并公开区政府本级权责清单，严格执行重大执法决定法制审核制度，推行政府法律顾问制度，实现村级法律顾问全覆盖。深入推进普法工作，推行“三官一师”制度，开展法治宣传活动735场。完善项目准入评审制度和土地审批会审制度。“放管服”改革持续深入，行政审批制度简化优化，“一门式一网式”政府服务不断完善。并联审批业务系统正式上线试运行，已办理23个投资项目。推行企业“多证合一”、银政直通车、电子营业执照等多项服务机制，开办企业时限由25个工作日缩减到7个工作日，开办企业便利度进一步提高。增设午间加时服务，行政服务效能提升。强化行政监察、审计监督，党风廉政建设扎实有效。[①]

① 注：本节内容是以2017年、2018年的综合资料编纂，未包括历年的综合数据。

第四节 革命老区

一、基本情况

新民主主义革命时期，早在1925年5月，高要端源乡领村成立了农民协会，同时建立了农民自卫队开展向地主土豪进行“减租减息”运动；抗日战争时期，先后在白土的马安村、活道的鳌头村建立了中共党支部，成为地方抗日力量的核心；解放战争时期，要南地区群众配合中国人民解放军胜利解放了肇庆，解放了高要。

新中国成立之后，党和政府没有忘记革命老区人民的英勇斗争精神和巨大的付出，努力为他们创造美好的生活。为准确认定老区，高要县于1957年成立了老区建设领导小组，并开展老区的评划工作。经过多年的调查研究，层层评划，于1994年1月，省民政部门批准高要活道镇鳌头村等178条自然村为革命老区村，其中乐城镇的领村为红色根据地，活道镇的鳌头村、白土镇的马安村为抗日根据地，活道镇活道村等103条自然村，蛟塘镇蛟塘村等58条自然村，莲塘镇荷村等13条自然村和水南镇的分界村共175条自然村为解放战争游击根据地。

二、老区镇和有老区镇概述

高要的老区镇两个：活道镇和蛟塘镇；有老区村的镇四个：乐城镇、水南镇、莲塘镇和白土镇。总人口80551人，耕地面积95852亩，山地面积374002亩。

乐城镇 乐城镇位于肇庆市高要区西北部，地处高要、德庆、广宁三县（区）的交汇中心。全镇总面积94平方千米，辖14个村委会和1个居委会，181个村民小组。乐城的经济以农业为主，依托山区生态资源优势，发展肉桂、巴戟、金佛手、蔬菜、石槁、沙糖橘等经济作物。乐城是著名的有老区的镇，有丰富的革命资源和旅游资源。大革命时期成立的端源乡农会的旧址，农民自卫队的旧址，留下了领村革命斗争的印记。领村革命烈士纪念碑，高要英烈墓园是肇庆市爱国主义教育基地，供后人瞻仰。金钟山森林公园占地333公顷，已开发37公顷，建有龙公祖庙，是近年根据原有的盘古大王庙基础建成的一座巍峨宗教庙宇，由龙公主殿、观音殿、福禄三星、太守殿等组成。每年龙公诞吸引各方信众前来旅游、拜祭。乐城镇是省卫生镇，社播村是社会主义新农村示范村。

水南镇 水南镇位于高要西北部，北与广宁县、四会市毗邻，南与本区小湘镇相接，西与乐城、禄步镇相连。虽属山区，但交通便利，县道X435、X413和汕湛高速公路贯通全镇，全镇总面积126平方千米，下辖14个行政村，1个居委会，92条自然村。总人口1.6万人，90%为客家人。经济以农业为主，除水稻外，利用山地种植肉桂、油茶、柑橘等经济林。水南镇是肇庆市千里旅游走廊中心区，有飞天马瀑布、万亩油茶林、七星顶观日出，具有天然、环保特色。解放水南和分界伏击战在高要革命斗争史中留下了光荣一页，现建有“分界革命烈士纪念碑和花果山革命烈士纪念碑”，让人们瞻仰。

活道镇 活道镇地处高要南部，与云浮市的新兴县、云城区和佛山市高明区交界，东与本区蛟塘镇、莲塘镇相邻，北与白诸镇、新桥镇相连。全镇总面积231平方千米，下辖33个行政村，126条自然村和1个圩镇社区。该镇山多地少，是名副其实的山区镇，交通不畅，经济相对落后。改革开放后，加大了交通等基础设施的建设力度，实现了公路“四通八达”村村通，促进了经济发展，形成了以大米、粉葛、养猪、养鸡为主体的多种种养业协调发展的产业新格局。精细化工产业落户活道横岗工业集聚基地，带动了其他产业的发展。活道镇是要南游击区，是广东省粤中纵队第六支队第十八团（简称要南部队）的驻地，革命古迹多处，有广东人民抗日解放军第三团秘密联络处旧址，鳌头抗日自卫队队部旧址，高要县首届人民政府成立旧址，新高鹤人民解放军总队要南接待站旧址等，其中高要县首届人民政府旧址和抗日自卫队队部旧址被列为“爱国主义教育基地”。经1994年评划，鳌头村为抗日根据地，塘山、文岗、好洞、沙尾、蟠龙围、凤初、上岸、湖坑、成村、法洞、南冲、水云楼、观音塱、石陂头、黄新、松柏、水湖、石田、无休洞、村心洞、严村、片塘、云美、石仔头、真竹、鹤咀、大科美、首岭、明村、马桥头、三禾洞、鸡聚塱、单竹坪、罗晚营、石村、田塱、塘苛、塘坑、云丽、广塘、老窑、上横江、东横江、洞心、仙洞、云傍、朱紫塱、山咀、松根咀、东村、廪溪、槎头、长岐、横坑、官田、竹坑、大迳、大迳新村、横石、禾塘、山塘口、上蕨坑、蕨坑、西就坑、白石坑、吉田塱、禾地咀、大湖塘、大简、平地、塱尾、下塱、新围、禄洞、浲上、牛围、牛围山、文塱、东坑口、东坑尾、上环、湖洲围、大冲坑、浲底、上塱、隔湖、沙尾、湖坳、山脚、旧宅、大端、姚村、祖坑、活村、松坑、沙岗、石龙岗、官塘、刘村、迳心村、凰岗坪、洞尾围、福禄洞等103条自然村为游击根据地。

莲塘镇　莲塘镇位于高要东南部，东邻白土镇，南连活道镇、蛟塘镇，西接新桥镇，北靠金渡、南岸街道，全镇总面积

125平方千米，辖20个村民委员会，1个圩镇社区，79条自然村。广肇高速公路横贯全境，县道436、438线和连江线与高要城区相连，村村通硬底化公路，交通极为方便。莲塘境内为半山区地形，工农业发展均衡，农业和农村经济以种养为主，主要农副产品有水稻、粉葛、莲藕、水果和水产品等，并以农业专业合作社辐射带动农户发展，促进农民增收。莲塘镇工业经济有较好的基础，是镇的经济支柱。莲塘镇南部与活道镇相连，解放战争时期为要南游击队的根据地。下坡、上坡、石脚、迳口、金光、罗勒、荷村、樟桂、钟山、龙湾塘、山根、新星、石厂等13条村于1994年评划为革命老区村。

蛟塘镇　蛟塘镇位于高要区东南部，东连回龙镇，北接白土镇，西与莲塘镇、活道两镇相邻，南与佛山市高明区接壤。1994年被评划为革命老区镇。全镇总面积130平方千米，下辖20个村委会，1个居委会，66条自然村。蛟塘镇地处半山区，但工业生产发展比较快，建有康成、沙田、新塘3个工业园，落户工业项目120多个，规模工业企业近20家。在农业发展中，调整了农业产业结构，推进农业产业化生产，对土地进行了综合规划利用、建设，发展特色农业和农业商品基地。主要特色农产品有肉鸭、塘鱼、鸡蛋和水果、沙糖橘、荔枝、龙眼、黄皮等。蛟塘镇的檀香研究基地是全国最大的檀香种植基地。

蛟塘镇地处高要南部，解放战争时期是新高鹤游击队的根据地，也是要南游击队活动的主要地区。有名的洞口之战，有力地打击了反动势力的嚣张气焰，蛟塘人民为革命事业作出了很大的贡献。1994年被评划为革命老区镇，是解放战争时期的游击根据地。竹围、沙帽头、新江、新塘、水口、新金龙、坪岭、榄坑、桐油根、蛟塘、蕉坑、凤田、白石咀、沙洞、十字路、云路、茅迳、禄兰、良村、小塘、赤坳、赤新、铁场、金鸡、高布、花根坪、新坪、姜山、沙岗、永安、大坳、洞口、龙剑、迳心、对挣、福沙头、荷塘、南洞、石梯、上洞、奕庆、新庄、新城、新安、塱心、大坪、羊坑、尖锋、罗容、合山、古定、塱下、沥水、马岭、南塘、企岭、天鸦等57条自然村被划评为革命老区村。

白土镇　白土镇位于高要东南部，东邻蚬岗镇、回龙镇，西接莲塘镇，北连金渡镇，南与蛟塘为邻。全镇总面积108.4平方千米，辖23个村委会，7个社区居委会，35条自然村。白土建有宋隆、南马两大工业集聚基地，拥有工业企业150多家，主要是新型建材、服装、五金、铸造等支柱产业。农业经济主要是优化农业结构，推进农业科学技术，扶持专业合作社，发展现代化特色产业，使农业增值，农民增收。白土的旅游资源丰富，有岭南画派领军人物黎雄才大师故里坑尾村、肇庆高尔夫度假村、宋隆小镇、金龙湖养老基地等，其中坑尾村是省定古村落。

白土镇的马安村是抗日战争时期的根据地。1938年，中共香港党组织和广东省委派林耕尧回白土开展抗日救国活动。1940年4月，林耕尧在马安村成立中共高要白土支部，并以马安村为根据地发动群众开展抗日工作，先后配合广东人民抗日解放军打击国民党特务队和宣传抗日，动员青年参军参战。

第二章

农运风云

第一节　高要农运风云迭起

1923年6月12日，中国共产党在广州召开第三次全国代表大会。为推动统一战线的建立，促成国共合作，加快中国革命步伐，大会决定：中共党员可以以个人名义加入国民党。此后，不少共产党员加入了国民党，他们既是共产党员又是国民党员，这一来，在国民党的党政机关部门中不仅有共产党员，而且一些党政部门的领导权也逐渐掌握在共产党人手里。1924年1月20日至30日，国民党在广州举行第一次全国代表大会，共产党人李大钊、谭平山、毛泽东、林伯渠、瞿秋白等出席了大会，并被选为国民党中央执行委员、候补执行委员，实现了第一次国共合作。同年5月，高要县国民党召开第一次全县代表大会，共产党员许其忠、周靖寰、李本侠、谢少梅等人当选为国民党高要县党部第一届执行委员。

1925年4月，为加强西江革命领导力量，中共广东区委派出尚未满20周岁、毕业于广东公立警监高等专门学校的共产党员胡震川到国民党高要县党部当总干事，后又兼任省农民协会西江办事处总干事和中共西江组织的工作。1926年9月，肇庆发生学潮，中共广东区委再次委任胡震川为省青年运动特派员，负责领导肇庆学生运动和发展西江的共青团组织。胡住进省七中（现肇庆中学），担任学校的训育工作。同年12月，中共广东区委从国民党中央党部调派共产党员阮绍元到肇庆任省七中校长。同月，中共广东区委采纳阮的建议，再从阳江县抽调一位年仅21岁的农民运动骨干、共产党员冯军光到省七中，公开身份是庶务，其实是协助校长整顿学校和协助党组织开展西江农民运动。那时候，省七中有三位年轻的共产党员，他们同心同德，合力整顿校风，指导学潮，在加强学生的智育发展的同时重视学生革命思想的教育。

大革命时期，由中共广东区委、国民党中央党部、农民部、省党部、省农民协会等组织先后指派到高要开展革命活动或检查革命工作的共产党员及进步人士与日俱增，他们在高要立下不朽的功勋。

第一次国共合作实现后，在国共两党共同努力下，掀起了群众性的革命高潮。

1922年建立了高要县社会主义青年团组织，吸收了一批思想进步的青年参加团组织。先后在省七中、省第四师范（即肇庆师范）、高要县立女子师范以及禄步镇分别建立团支部。1925年秋，高要成立了女权同盟会肇庆分会。1926年，区梦觉曾多次到肇庆开展妇女运动工作，4月，在肇庆成立了广东省妇女解放协会肇庆分会。5月，高要派出妇女代表到广州参加广东省妇女解放协会代表大会。9月，派出妇女到广州参加由国民党中央妇女部举办的妇女运动讲习所学习，在所长何香凝、教导主任蔡畅等教员的教导下，妇女学员的阶级觉悟不断提高。是年，高要县总工会、高要县商民协会、高要县学生联合会、肇庆学生联合会相继成立。1927年2月21日共产主义青年团高要支部成立，胡震川任团支部书记，代表高要县共青团组织到广州参加广东省委召开的团员代表大会。

李炯自1925年6月任高要县长后，逐渐走向政治腐败，贪污受贿，反对革命，广大人民恨之入骨。高要、肇庆学生联合会共同组织宣传队，多次在省七中操场和肇庆街头演出话剧，揭露社会的黑暗，抨击李炯的劣迹，并进行示威游行，散发传单，张贴标语，高呼“打倒李炯”。迫使省政府于1926年11月把李炯撤换下来。高要、肇庆学生联会，还联合高要县总工会、商民协会、妇女解放协会等组织，多次举行声势浩大的示威游行。例如当时国民党政府取消煤油自由买卖，设立独家煤油专卖，煤油价格大幅抬升，群众强烈反对，于是便发动了反煤油专卖运动的示威游行；又如“五卅”惨案、“六二三”惨案发生后，高要县城肇庆镇又发动了工人、学生反对帝国主义游行示威；再如1926年第四军叶挺独立团奉命离开肇庆参加北伐，又组织了庞大的欢送队伍，沿途高呼“拥护北伐”“打倒军阀”，多次大规模的群众性游行示威，使反动分子闻风丧胆，惶惶不可终日。

高要县学生联合会和肇庆学生联合会的主席、委员，绝大多数都是新学生社成员和共青团员。但是，在省第四师范、高要县立中学的教员、学生中，也有一些孙文主义学会、中国青年党[①]（也称国家主义派）分子。他们仇视进步青年，反对革命，千方百计企图打进学联会破坏革命，夺取领导权，但尽管经过改选，两个学联会的领导权直到大革命失败前夕，仍牢牢掌握在进步青年学生手里。

广东省农民协会第二届执委合照

国共合作后，实行

① 孙文主义学会中的一小撮人又称“士的党”，开会时往往使用“士的棍”打架；中国青年党则是孙文主义学会的外围组织，是与进步学生对立的。

“扶助农工”的政策，使高要的农民运动出现了一个迅速发展的新局面。

1924年9月，端源乡各自然村的农民代表到领村陈炳新的禾寮开会，成立端源乡农民公会筹备委员会，会议推选了领村的谢大德、伍腾洲为农民公会的筹备委员。其后他们两人与陈寿南一起到广州拜会中央农民部部长廖仲恺，成立端源乡农民公会被批准备案，并赠送匾额。1924年10月8日，端源乡农民公会成立大会在领村举行。国民党中央农民部、中共广东区委、省港罢工委员会分别派出代表陈树仁、陈维康、黄侠生、郑千里出席了会议。

农民公会成立后，第一个革命行动就是领导农民向地主开展减租抗租斗争，实行减租减息，一律实行五折减租，取消地主强加农民头上的陈规枷锁，这一革命行动对广大农民是极大的鼓舞，对地主阶级却是个沉重的打击。有些地主甚至不敢来收租，他们的“业租维持会”也被迫解散。

是年秋冬，中共广东区委通过国民党中央农民部，以农运特派员的身份安排共产党员黄侠生、蔡日升、邓广华等到高要，他们在协助高要开展农民运动的同时，从事建党工作，帮助当地发展党员，建立基层党组织。他们深入二区一分区（端源乡），发动群众，协助端源乡改组农民公会，使高要农民运动转变成有组织有领导的政治斗争。在斗争中实行“二五”减租，夺回地主豪绅把持的办民团、办教育的会费、庙产。并在领村开办了一所农民子弟学校，农民子弟免费上学。入会会员增多，农民运动得到发展。

为了加强对农民运动的领导，1924年12月13日，中央农民部通知端源乡农民公会派出伍腾洲、伍国辉、陈汝波、黎茂玲、邓仲荣等农民运动骨干，到广州农讲所参加第三期学习训练。他们借此机会向廖仲恺汇报了高要农民运动的情况，得到大力支持，批准拨发步枪32支，由伍国辉、陈汝波运回端源乡农民公会。

1925年3月，到广州农讲所学习的学员毕业回来，黄侠生、蔡日升组织了宣传队，伍腾洲为宣传队长，以端源乡为基础，扩大到邻近村宣传农民革命，发动农民入会。

根据省农会章程，1925年4月29日，端源乡农民公会改称端源乡农民协会。召开成立大会那天，参加大会有3000余人，中央农民部派周其鉴、韦启瑞、罗国杰、黄国侠（女）以及农讲所学员代表邓广华、陈均权、卢耀门等参加成立大会。韦启瑞等在会上发表演讲宣传农民运动的方针政策，并颁发了犁头旗和证章，大会选出了农会领导人：执行委员长谢大德、副执行委员长陈佐洲、秘书长伍国辉、执行委员伍腾洲。端源乡农民协会会址设在领村陈氏祠，门口两侧书有“农民开大业”“协会振中原”的楹联，横额是“团结精神”。农会还组织了农民自卫军，武装委员谢忠、郭福照。这是高要县第一支农军队伍。农民协会成立之后，使地主豪绅的嚣张气焰大为收敛。

端源乡农民协会成立后，实行五折减租，即100斤租谷减50斤，大多数地主不敢抗拒，农民纷纷要求入会，这时会员人数已达2800人。端源乡之后，又有廊源、水台、洞源、周村、云礼、行岗、围坪、社坑、伍村、布浮、大播等乡村先后成立农民公会，后相继改为农民协会。

高要的农民运动得到上级的大力支持。1925年4月，省农民运动领导人彭湃、周其鉴曾多次到广宁、高要边界山区指导农民运动，组织农会和农民自卫军。水南的分界乡和分界村就是这时成立村农会的。在端源乡的带动和影响下，1925年秋，端源乡所在的高要县第二区农民协会成立，会址在领村，并成立农民自卫军，大队长伍耀辉、副大队长谢忠；中队长陈标、副中队长陈旺。是年冬，国民党广东省党部派出韦启瑞（中共党员）到高要指导农民运动，这时各村农会都有农民自卫军，廊源村自卫军队长欧水生、伍亚章；水台村自卫军队长伍文林、伍章炎；伍村自卫军队长梁扬照、梁大明。波河、领村的农卫军已有枪支100多支。

1926年1月，广东省农民协会在肇庆五经里的五显庙设立广东省农民协会西江办事处，下辖十四个县，主任是中共广东区委委员、中央农民部特派员周其鉴（后调粤北，由韦启瑞接任）。4月27日，高要县农民协会成立后，县内的沙浦、桃溪、典水、苏坑、广利、金利等地相继成立了农民协会。当时高要县划分为九个区，除第九区富湾外，其余八个区都先后成立区、乡、村农民协会，并建立起农民自卫军。

正当高要农民运动发展进入高潮的时候，地主豪绅为了维护自己的利益，也纷纷组织反动民团向农民进攻，妄图扑灭农民运动的熊熊烈火。地主豪绅先后组织了“业主收租治安维持会”“同善社”“大迳河治安委员会”三个反动组织，并组成了高（要）、德（庆）、广（宁）三县联团，从1926年至1927年多次进攻高要农民运动的策源地领村。

1926年1月2日，高要漾源罗建乡宋煜初、高村乡卢沂川、龙城乡李公任等纠集其本部及广宁县谢玉山、德庆县徐渭臣的农团、神打仔1000多人，由“同善社”首领梁锡赞、卢沂川、赖农等主持，分别在高要河台的三圣宫、罗建村及德庆县的播植三处开会，策划攻打领村，并制定“佯攻廊源，实攻领村”的策略。

农会领导人谢大德、陈佐洲、聂文波及农卫军大队长伍耀辉接到在播植圩宝昌号当工人的梁丁财（河台都权村人）报信后，立即通知各村，并集中农军600多人，即派100多人到廊源把守双金迳。当晚10时，果然有反动民团、神打仔100多人到双金迳佯作进攻廊源。农军副大队长谢忠率队给敌人迎头痛击，战斗一小时，敌被击退，这一战活捉敌人两名，打伤十多名。

1月3日凌晨3时，八大乡民团首领林植西、胡仲豪率领反动民团、土匪、神打仔1000多人分四路进攻领村，农军寡不敌众，坚持至上午9时，领村被攻陷，敌人将驻在领村的二区农会、端源乡农会、领村农会会址一应捣毁，焚烧民房，尽劫耕牛、财物，枪杀农军谢球、甘亚四，烧死陈亚娣，打伤农民约30名。

1月4日，高要各地农军和广宁十六区农军来援，曾一度夺回领村，烧毁地主谢达卿、陈以新房屋几间。上午11时，驻在罗建村的反动民团前来营救地主谢、陈家属，把他们接到罗建村，农卫军又袭击罗板村地主陈材佑，烧毁其房屋两间。在这一天的战斗中，农卫军战士陈亚养、李时聪光荣牺牲。

1月5日，德庆民团、土匪1000余人从云楼乡，广宁土匪及反动地主兼“山大王”李济源残部1000余人从森膺洞，高要禄步、三都等处联防民团约500人从罗建乡，几处反动团匪分三路卷土重来。农军与敌激战一小时，终因寡不敌众，领村、波河、料村相断被攻陷。敌人当场杀害农军两名、农民三名，另有八名被拉到三圣宫枪杀。此仗农军和农会会员死伤100多人，被焚毁民房200多间，掠走耕牛150多头、生猪300余头、家财杂物被劫一空。迁避于禄步圩山野一带者，触目皆是。时值隆冬，饥寒交迫、惨不忍睹。这就是震惊全省、影响全国的“高要惨案”（又称“领村惨案”）。

惨案发生后，农会领导人伍腾洲、陈佐洲等三人即到肇庆，向肇庆各届代表大会筹备委员会报告事件的经过。筹委会急将此情况用快邮代电向省政府和广州各机关团体报告，并指派执行委员会许其忠全权处理此案。7日，许其忠偕同陈佐洲、伍腾洲等前往肇庆府署三十四团团部面见团长叶挺，请求派军队支援，叶挺团长当即答应派第一营前往领村支援，并交代许其忠等人找周士第营长面商出发的具体事宜。接着，许等三人又去高要县政府面见县长李炯，李也答应与肇庆防军十四团同时出发，前往领村。8日晚，许其忠以肇庆各界代表大会筹备委员会代表名义，汇同周士第率领的三十四团一营官兵和县长李炯带领的县署游击队（即县兵）100余人，从肇庆出发，10日中午时抵达领村。这时，民团、神打仔等数百人正向领村开火，营长周士第果断指挥一营官兵与敌人作战，交火一小时后，敌被打死打伤20多人，狼狈溃逃。11日，周士第营长和李炯县长带队到伍村，召集地方豪绅训示，不准民团再打农会，有什么事情由政府解决。由于民团尝过周士第指挥的一营官兵的厉害，只好暂时口头答允，战斗停止下来。

击败敌人后，中共广东区委促成国民党成立绥辑委员会全权处理领村事件，1926年1月29日，绥辑委员会在肇庆城中路文昌宫正式成立，成员有国民党中央农民部代表罗绮园、国民党政府军事委员会第四军代表叶挺、广东省农民协会代表周其鉴、国民党广东省党部代表韦启瑞、广东省民政厅代表张介眉、广东省农工厅代表王寒烬和高要县长李炯七方代表组成。是日，开会并讨论事项有：一是提出通过绥辑委员会章程草案；二是请政治委员会饬民政厅转饬高要县长筹拨款500元为绥辑委员会经费；三是县署已筹备1000元，拨出为购买棉被赈济难民，广东省农民协会派出委员周其鉴协同高要有关人员，负责领款并购买棉被；四是通过绥辑委员会成立报告案；五是由高要县长转饬双方派负责代表到会听候调处，负责代表限四天到，公函由秘书拟妥直发；六是绥辑委员会章程及成立呈报政治委员会；七是推选叶挺为绥辑委员会主席，韦启瑞为秘书。中共广东区委决定在绥辑委员会内成立中共党团，韦启瑞为书记，隶属中共广东区执行委员会。在处理“高要惨案”事件中，一切事情均在中共党团决定后才在绥辑委员会提出，从而有力地保证了党的决议的贯彻实施。

绥辑委员会在肇庆成立后，叶挺以绥辑委员会主席名义即致函高要县长李炯，令双方先停火，静候解决。责令双方派出全权代表前来指定地点调处。并向国民政府治安委员会报告呈请：“如于2月2日以前仍无办法，民团方面仍在屯聚备战，叶挺等自应就近派防军前往强制执行弹压。”报告一再声明：“委员会对于祸首，决不姑息，但念其煽动之团丁神打团仍属农民，苟非万不得已，不欲以武力解决。”

2月初，二区农会一分区代表已依时限报到，但地主民团不仅逾时多日仍未派代表前来协商调处，反而连日集会，购买大批枪弹，修筑炮楼工事，准备作战，绥辑委员会再将情况呈报国民政府政治委员会。2月6日，国民党党魁、国民政府主席汪精卫复电绥辑委员会：查察来呈所拟各节，尚属见当，即切实执行，如仍有焚攻等行为，即使用武力除暴安民。

2月15日，叶挺亲自率绥辑委员会成员和独立团第二营进驻领村附近的伍村，在伍村博轩祠办公。叶挺团长考虑到大多数民团和神打仔是穷人出身，是地主收买或欺骗而为地主卖命的，抱一线希望，再度争取和平解决，决定“先礼后兵”，便通知双方代表限4日内前往伍村博轩祠开会，责令反动地主赔偿损失，惩办祸首。但反动地主拒不参加开会，他们自恃人多势众，扬言要继续为害农民，叫嚷要与叶挺独立团决一死战，他们给叶挺发了一封信说：“要我赔银一事，不在望矣，战亦亡，不战亦亡，何不一战而亡！”反动气焰十分嚣张。由此，掀动了革命力量对反革命势力的严正惩罚。

3月5日，反动地主又纠集民团、神打仔等5000多人，把绥辑委员会和独立团驻地伍村包围得水泄不通，企图依仗优势兵力

1926年3月5日，反动地主纠集民团、神打团围攻绥辑委员会和独立团的驻地伍村，向独立团发起进攻。叶挺亲自率第二营战士迎击敌人，打死打伤敌人17人，俘虏了3人。图为伍村战场遗址

消灭绥辑委员会和叶挺独立团。他们手持大刀、步枪等武器，气势汹汹地向伍村发动进攻，独立团第二营官兵和农军在叶挺的亲自指挥下，在伍村附近占领有利地形迎战匪徒，给敌人以迎头痛击。鉴于敌军中有不少是受蒙蔽的神打兵，为了争取和教育他们，以瓦解敌人，叶挺命令战士先朝天开枪，以示警告，直到敌人不听劝告继续逼近时，才瞄准反动民团分子射击。经过数小时的激烈战斗，独立团官兵和农军紧密配合，英勇作战，终于把敌人的猖狂进攻打了下去。这一仗我军以少胜多，把敌人打得心惊胆寒，狼狈地往大本营罗建村逃窜。此战，共打死打伤17人，活捉3人，农民群众大为振奋，无不称独立团官兵之神勇。

反动的地主武装逃回罗建村大本营后，地主豪绅并不甘心他们的失败，又重新组织人马，并纠集大批民团、土匪，准备再次包围独立团和绥辑委员会驻地伍村，妄图消灭绥辑委员会和独立团，挽回其败局。独立团洞悉反动地主的阴谋后，叶挺即下令独

立团第三营官兵调到伍村增援，与第二营协同作战。3月8日，叶挺率领独立团第二、第三营官兵和农民自卫军，向反动地主和民团的大本营罗建村发起进攻。罗建村周围有高高的围墙，四处还设有炮楼，易守难攻。在叶挺的精心指挥下，战斗一开始，冲锋号响彻云霄，紧接着以密集的火力扫射敌人据点，打得敌人抬不起头来。为了保护村中老百姓的生命安全，叶团长命令部队向众匪宣布“顽抗者杀，缴枪者赦”和“不伤村民，活捉匪首”等政策。在部队开展强有力的政治攻势下，敌军顿时军心动摇，匪首见势不妙，凶狠地命令民团向独立团开枪扫射。叶挺命令用火力封锁敌炮楼的枪眼，由农民自卫军冲上村边把围墙锄通，独立团官兵正准备向村里冲时，忽然听到里有妇女和小孩的哭声，叶团长恐怕伤害无辜百姓，于是传令停止进攻，让出一条路来，待村中老幼离村后，叶挺即命令再进攻，霎时间，枪声震天，战士们像开了闸的洪水一样猛冲上去，打得匪徒抱头逃窜，纷纷缴械投降。经过一整天激烈战斗，终于拿下了罗建村，捣毁了反动地主的老巢。

同一天，独立团还派出一支队伍攻打云洲村的反动民团据点。匪徒见罗建村大本营已被攻破，于是不战而逃了。

罗建村战斗的胜利，击毙敌人150多人，伤者无数。逮捕了祸首卢沂川、赖农、黄尉楼、陈鉴波四人，罚款2000多元，通缉其他祸首八人，并以国民革命军第四军独立团名义发出告示。这个告示的内容是：“此系用兵漾源，实在万不得已。罪在劣绅土豪，罪恶横行无忌。已经各乡服从，具结缴款无事。服从国民政府，为守紧要驻地。不服缴款调和，是用大军制止。仰得一体同志，团结精神终始。”叶挺团长把地主豪绅集中到伍村，勒令他们赔偿损失。地主豪绅看到贴出的告示和听到宣读的勒令，慑于叶挺官兵的强大威力，目睹大势已去，只好低头认罪，表示愿意赔偿农民损失，交出反动武装，不久便交出赔偿金五万多元，缴枪300余支。叶挺把这些枪支如数交农民自卫军，扩大农民武装。叶挺独立团对“高要惨案”的顺利解决，大长了农民和农卫军的志气，大灭反动地主豪绅的威风，有力地促进了高要农民运动的发展。

1926年3月8日，叶挺率领独立团第二、三营官兵和农民自卫军，捣毁了反动民团的大本营罗建村。图为罗建战场遗址

叶挺独立团于1926年5月1日离开肇庆挥师北伐。然而，地主反动武装如“百足之虫死而不僵”。同月，他们纠集1000多人攻打设在河台圩的第三分区农民协会，枪杀了分区执委梁善明。9月，又进攻领村，幸领村农卫军早有防范，活捉敌人6名，打伤敌人19名，打死敌人8名，缴获步枪10余支。在激战中，农卫军谢棠等光荣牺牲。在这期间，八区金利的反动民团也勾结土匪包围农民自卫军总部，疯狂叫嚷要捉拿农卫军团长黄华英，并架火准备焚村。黄华英为了避免村民蒙受严重的灾难，挺身而出被捕了，后押解广州，在黄花岗就义。

敌人的狂妄、凶残，更激起农民的斗志。8月，沙浦农卫军为了打击敌人的威风，联合苏坑农卫军，共一百多人乘夜袭击沙浦民团，接着又联合桃溪农卫军攻打该村的民团，均旗开得胜，迫使地主同意减租减息，取消苛刻规定。10月，六、七区农民协会联合在广利圩举行有一万多人参加的农民代表大会，声讨国民党反动派和地主豪绅，会后还示威游行，敌人慑于农民人多势众的声威，不敢横加干涉。

1926年5月，高要又派陈佐洲等参加广州农讲所第六届学习班学习，毕业时，全体学员318人组成考察团，在萧楚女等率领下到海陆丰等地进行实习活动一个月。他们返高要后，大搞宣传活动，进一步推动了农民运动的发展。

第二节 中共高要县地方组织的建立

一、中共高要县地方组织的建立

中共高要县地方组织创建于1926年春夏间，是在高要农民运动发展进入鼎盛时期的历史条件下建立起来的。进步思想在高要的传播，工农运动的兴起和发展，为中共高要县地方组织的建立打下了思想基础和阶级基础。中共高要县地方组织的形成是从中国社会主义青年团肇庆分团开始的。1921年4月，广州社会主义青年团自行解散，同年12月，中共广东支部书记兼团区书记谭平山等开始重新组织广东的团组织。1922年3月14日，广东社会主义青年团在广州举行成立大会，采取通信办法，选举产生了广东社会主义青年团执行委员会。在此期间，广东社会主义青年团派员到肇庆（高要）建立了中国社会主义青年团肇庆分团。在中共组织建立之前，中国社会主义青年团是党团混合活动的组织。1925年11月30日，中共广东区委决定党团分开活动。中国社会主义青年团肇庆分团曾在肇罗阳甲种农业学校内组织"晨曦社"学习马列主义，并开始在学校和工人中发展团员，推动了高要党、团的建设工作。

1924年1月，中国共产党与中国国民党实现了第一次合作。同年8月开始，中共广东区委先后派遣陈殿邦、蔡日升、黄侠生、韦启瑞、周其鉴等一批共产党员，以国民党中央农民部特派员、高要县党部筹备员的身份到高要开展农民运动，同时，社会主义青年团广东区委也先后派出团员来高要开展农民运动，使高要的农民运动从农民自发组织斗争转到属于党的指挥下进行斗争。从而使高要的农民运动迅猛发展，在运动中培养了一批农民骨干分子，为高要党组织的建立奠定了基础。1925年夏，在农民运动中涌现出来的革命骨干分子伍腾洲（乐城领村人）、李鸿雄，他们到广州农讲所学习时，由蔡日升、黄学增介绍他们加入中国共产党，成为高要县党组织最早的党员，在高要播下了党的第一批种子。同年冬，伍腾洲被任命为中央农民部特派员，成为指导高要开展农民运动的中坚分子。

1926年1月3日，反动地主武装围攻领村而造成震动全省的“高要惨案”发生后，国民政府政治委员会批准成立“绥辑委员会”，全权处理惨案事件。中共广东区委即在绥辑委员会内成立中共党团，汇同处理“高要惨案”事件。由于绥委会的组成人员除了广东省民政厅代表张介眉为非中共党员之外，全部都是共产党员，故民政厅代表在绥委会时，绥委会才另开“绥委”会议，民政厅代表不在时，中共党团会议和绥委会会议可两会合开。一切事情均在中共党团内决定后才在绥委会提出，以保证党的决定的实施。中共党团设在肇庆城中路第一区党部内（文昌宫），隶属中共广东区执行委员会，书记韦启瑞。

在处理“高要惨案”的过程中，中共广东区委指示中共西江地委要在处理事件的同时，派人调查和建立高要县党组织。经过中共西江地委和绥委会的共同努力，中共党团在高要发展了一批共产党员，建立地方党组织的条件基本具备，根据中共广东区委关于组建高要县党组织的指示，于1926年3月成立中共高要县特别支部，有党员35名，机关设在肇庆，隶属中共西江地方执行委员会。

二、党组织领导下农民运动的高涨

“领村事件”的胜利解决，大大增强了农民运动斗争的信心，农民群众感到组织起来的好处，有共产党人领头冲锋陷阵为农民争利益，农民群众纷纷要求加入农会，高要农民运动出现新的高潮。

1926年后，全县各区、乡、村的农会组织如雨后春笋般地建立起来。高要一区（即肇庆城郊的黄岗至大小湘）农民起来解散了一区民团，在是年春季成立一区区农会。其后在广东省农民协会驻西江办事处邓太洪的指导下，先后在西一仓源乡、三稔、三股、上围、杨梅、官乃田等村建立了农民协会。并由叶维良、廖维璋、黄亚寿、黄先带、潘瑞林等分别任农会主席；二区二分区农民协会于1926年4月成立，县农民协会秘书许其忠到会指导，成立大会在禄步镇举行（当时二区内设一、二、三分区，一分区农会设在乐城的领村，二分区农会设在禄步，三分区农会设在河台）。大会选举出二分区农民协会会长雷一震，执行委员有梁启东、梁仲平、李世珍、江宝臣，候补执行委员有许其仁、钟守愚、李五。大会并举行化装大巡行，游行队伍中有化装大地主、劣绅、土豪，有擂鼓舞狮，有市民、农民，有禄步高等小学、启明小学、塾圣小学的学生。游行队伍的人手持小红旗，高呼“打倒大地主！”“打倒土豪劣绅！”“打倒帝国主义！”等口号，参加游行的有3000多人。晚上在禄步小学门前演了白话剧“盲婚之害”，庆祝二分区农民协会的成立。

二分区农会成立后，农会干部分头到各村宣传、发动，组织农会。很快，各乡村的农会组织相继建立起来。岗头村农民协会组织者是李世珍、李伍，农会会长李伍，副会长夏惠常，委员李松庆、夏追，参加农民自卫军约有100人。村前村、前沙村、新枝湾、古寅村、洪塘村、大坑村、大竹尾村等农会的组织者是雷一震。村前村农民协会的会长是区迭康，副会长邹娣，委员杜亚东（农卫军）、杜星照（农卫军）、杜金瑞（农卫军）、杜华右（农卫军）、杜亚三；前沙村的会长是雷四妹，副会长雷亚兆，委员雷中伦；新枝湾村的会长是林太照，副会长林其德，林三友（农卫军）、林兆成为委员；古寅村的会长是黄晚，委员黄树林、罗炳垣；洪塘村的会长刘二娣，委员孙悦；大坑村的会长是江焯然；太竹尾村的会长是吴五，委员吴丁财；寻宝坑村农会的组织者是江宝臣，农会会长江子楠，委员周伙；桐槎村农协会的组织者是李世珍，农会会长是李流，副会长李基，委员李北祥；北根农民协会的组织者是林玉卿，农会会长是林枝；新围村农会的组织者是陈卓雄，农会会长是陈桂芳。

三区（矮洞大湾一带）矮洞成立乡农会；四区（新桥一带）在1925年春由中山县士绅蔡根香在广州向省申请批准成立了龙湾乡农会，但蔡把持农会谋私，欺骗农民，韦启瑞亲自对该农会进行整顿，把蔡根香开除出农会。到1926年，新桥、白诸一带有30多个乡成立了乡农会；五区（宋隆水一带）有30多个乡成立了乡农会；六区（广利、沙浦，今属鼎湖区）在“领村事件”后开始组织农会。是年4月，省农会西江办事处领导周其鉴、韦启瑞和高要县农民运动领导人谢大德等到沙浦开展农民运动，与陈进、冯三娣等农运骨干一起宣传发动群众，帮助组织农民协会。他们召集贫苦农民到沙溪书院开会，讨论酝酿组织农民协会有关事宜，很快就成立了沙浦乡农民协会，农协会主席陈进，副主席冯三娣，同时建立了农民自卫军，农卫军队长陈福昌，副队长陈友。

沙浦乡农会的成立，对区内的其他乡村有很大的鼓舞和影响。接着桃溪、典水，砚洲、苏坑等村的农民协会及农卫军相继建立起来。全区组织了11个乡农会并成立了区农会。七区（永安、下莲塘一带，今属鼎湖区）由省罢工委员会成员谢敬持（莲塘人）和省农会特派员周铁琴在1926年1月前组织成立了各乡农会，随即成立区农会，并解散了地主豪绅把持的区民团局，成立农民自卫军。八区（金利、蚬岗一带）由冯植南（金利人）首先在榄洲乡建立了乡农会，金利的二甲、三甲也成立了乡农会，接着由李大端（蚬岗人）到第八区备乡组织农会，随后，其他各区乡也纷纷要求组织农会。到1926年4月，全县九个区除第九区富湾外，其余八个区都成立了区乡农会，会员达28658人。

在高要农民运动发展到高潮的关键时刻，高要县农民协会诞生了。1926年4月27日，高要县在肇庆镇阅江楼召开第一次全县农民代表大会，正式成立高要县农民协会，会址设在肇庆古崧台（宾兴馆）。大会选出了领导机构：委员长谢大德（后由伍腾洲继任），副委员长伍腾洲（后由谢敬持继任），秘书许其忠，执行委员有聂文波、陈大球、李大端、陈小俞、温月初、冯植南。同时成立高要县农民自卫军，下辖八个区的农军组织，全县农民自卫军2000多人。高要农民运动有了统一的领导，农运又有了进一步的发展。

第三节 高要的农民武装斗争

1926年，高要县农民协会成立后，高要的农民运动有如星火燎原，反动地主、土豪十分震惊，蓄谋要把农民运动镇压下去。各级农会也十分警惕，经常召开会议研究对策，做好迎击敌人的准备。

一、河台战斗

1926年5月28日，反动地主集团纠集民团、神打仔、土匪武装1000多人，攻打设在河台圩的三分区农民协会，把农会的文件杂物抢劫一空，枪杀了分区执委梁善明，洗劫了万成苏杭铺。农卫军由于早有准备，及时赶到把敌人击溃。

二、龙城战斗

1926年6月间，领村事件的处理结束后不久，地主豪绅谢达卿、黄慰楼等在龙城重新纠集民团、土匪、神打仔约400人，准备进攻领村。该区农会干部得到消息后，星夜兼程赶到肇庆报告。当时省农会西江办事处主任韦启瑞和县农会正副委员长谢大德、伍腾洲均不在肇庆，县农会只有许其忠留守主持工作。叶挺独立团已离肇北伐，接防的是三十七团。许其忠偕同区农会干部到三十七团团部请派援兵，该团团长云瀛桥去了广州，留守主持团务的是团参谋长陈卓霖，是个耍两面派的反动人物，陈当时答应派兵攻打龙城。当月的一天，防军由农军战士引路开往龙城，被龙城炮楼上的民团开枪射击，当场打死一名排长、士兵死伤各一名。防军即退出两里以外的地方，并要求农军帮助。许其忠亲自带领农军200多人开赴龙城。当农军抵达时，防军要求农军打前锋，防军押后。许其忠马上率领农军向民团发起进攻，但冲到村边之后，就无法再前进了，整整围困了一天也攻不进去。

龙城这个地方四面环山，入坑口仅有一条小路。在中心的山咀建有十多间房屋，周围有丈余高的土墙围护，四面有四座炮楼形成掎角之势，火力可以互相呼应，且入坑口唯一的小路口建有一座炮楼正对来路，可谓易守难攻。在久攻不下的情况下，许其忠再行仔细观察地形地物，发现围墙外的两间水碓屋堆放着约有3000斤桂枝柴，毅然决定采用火攻。随即准备煤油和破烂棉胎等引火物品，于次日天亮前，派出农军战士十余人潜入围墙外那两间水碓屋，将所有的桂枝柴全部搬到炮楼后面，用破烂棉胎浸煤油引火点燃，霎时间浓烟滚滚，火焰冲天，农军和防军则乘势猛攻，民团、土匪被烧得哭爹叫娘，被称为天险的龙城终于被攻下来了。而防军营长云振中则在龙城大发横财，将村里的耕牛、财物抢掠一空。领村则免遭一场战难。

三、第二次领村战斗

1926年9月7日，反动集团首领刘学汉、林扑卿、胡中豪等纠集民团、土匪分两路进攻领村。第一路由长坑直出上猫头山，第二路从金钟山直落沉图江进攻领村上高洞。领村农卫军早有准备，其他各村的农卫军也及时赶到领村支援。农卫军分别在虎头山、粉头山、河洋坑仔口与敌人展开战斗，由上午11时战斗到下午2时，激战三个多小时，农卫军把反动民团和土匪击溃。活捉敌人6名，打伤敌人19名，打死8名。缴获步枪10余支，缴获大关刀七八把。在激战中，农民谢树养、谢亚棠被敌人枪杀，炮楼也被烧毁1座。经过这次战斗，总结出来的经验是要有随时迎敌的准备，要动员凡已成立农会的村都实行全民皆兵，随时准备迎击来犯之敌。

四、沙浦战斗

1926年，沙浦乡（原属高要辖区）农会刚成立，地主豪绅准备摧毁沙浦农会，他们的阴谋却被农军早发觉，为了打击敌人对农会的进攻，农会主席陈进亲自前往广州向省农工厅请示攻打地主民团一事，得到省农工厅的支持，陈进联合了苏坑的100多名农卫军，于8月14日晚攻打区长梁印渠所领导的沙浦何老八民团，当农军接近村庄时，四面枪声齐响，敌人发现农卫军已靠村边，狼狈逃命，农军穷追猛打，激战两小时，打死打伤反动民团各一人，缴获步枪一支。这次战斗是沙浦农民武装力量的初次尝试，农军首战胜利，扫除了农民运动的一个障碍，群情振奋。随后，沙浦农军又联合桃溪农军攻打桃溪大地主何老八的反动民团，打死民团副团长何社养和地保何伯行、活捉民团奸细何宝盘，农民运动更加汹涌澎湃发展，反动地主豪绅的嚣张气焰大减。同年9月，农会与地主订立了三条有利于农民的条约：一是实行“四六”减租；二是取消虐待、歧视农民的一切规定；三是不许民团干涉农军的行动。从此，沙浦乡一带的农会声威大震，农民纷纷要求加入农会，有些农军卖了耕牛和粮食筹措资金买枪支，农军队伍实力不断加强。

农民运动的发展，农会组织的建立，引起了地主恶霸梁印渠的敌视，他立即组织一个镇压农民武装的民团。为了扩大农会和农军在群众中的影响，打击敌人的威风，10月初，六区和七区（永安）的广利圩举行了有一万余人参加的示威游行。游行前召开这两区的农民代表大会，省农会西江办事处、高要县农民协会派谢敬持和周铁琴为代表参加大会。谢敬持在大会上分析了当前农民运动的形势，对沙浦农军多次打击反动民团所取得的胜利表示祝贺。接着，游行队伍以红色的犁头旗开路，跟着是鼓乐队、狮子队、农卫军、农民代表，游行队伍从槎布村出发，沿广利街市走向圩尾绕行一周。游行队伍高喊“打倒军阀”“打倒地主”“打倒帝国主义”“工农团结万岁”等口号，游行队伍中的一支化装队揭露了地主梁印渠的丑态和罪行，使梁看后暴跳如雷。这次游行示威显示了农军的威势，使农民受到很大的鼓舞，对反动派震慑很大。

1927年初，在陈进带领下，沙浦农军和苏坑农军联合攻打苏坑乡民团，挫败了敌人的气焰。同年3月，沙浦农军还到金利帮助当地农军攻打民团。

五、领村暴动（第三次领村战斗）

1927年8月3日，中共中央决定在工农运动基础较好的湘、鄂、粤、赣四省发动秋收暴动，要求以农会为中心，团结一切接近农民的社会力量，夺取乡村政权，实行抗税、抗捐、分配土地。党中央命令广东立即起来秋收暴动，策应南昌起义军，并在东江接应南昌起义部队。

8月20日，中共广东省委在香港召开会议，根据中央的指示精神，制定了广东省的秋收武装暴动计划，提出建立工农民主政权；没收反革命分子、土豪劣绅、地主的土地，分给没有土地的农民，建立工农革命军；联合左派分子重新组织国民党党部等纲领。会议改组了省委。为实施暴动计划，决定成立广州、西江、北江暴动委员会，并派员到各地指挥。是时，省委又加派了谭涤宇作为西江暴动委员会总指挥之一。

据省委的暴动策略，西江的武装暴动主要是牵制桂系和粤系新军阀部队，策应南昌起义军南下。9月上旬，中共西江执行委员会在高要县禄步黄洲村内召开地委扩大会议，会议由黄学增主持。会议将中共西江执行委员会改名为西江特委，特委书记黄学增，副书记周济。特委成员龙师候、周其柏、陈均权、蔡日升，并成立军事委员会，黄学增、周济分别任委员会正、副主席。会议根据省委指示精神，确定当前中共西江党组织的中心任务是恢复和建立各级领导机构，组织武装，建立工农革命军，恢复农会，夺取各级政权，建立苏维埃政府，实行土地革命，没收地主财产等政纲。

此次西江暴动分西江南北两岸进行。总指挥和特委机关都设在高要县禄步黄洲村。总指挥黄学增、周济、谭涤宇、薛六等。

1927年8月上旬，中共高要县特别支部根据省委和西江特委关于举行秋收暴动的精神，首先从领村、料村、波河村等地挑选农军优秀分子，并配备较好的枪械，组成高要县工农革命军，准备暴动。

西江特委书记黄学增从黄洲转到领村，向县党组织负责人传达了省委关于组织秋收暴动的指示和特委拟在领村举行暴动的计划。国民党驻肇庆守备团闻讯立即于8月13日早上派出一个营的兵力，并纠合高要、广宁、德庆三县联防民团共7000多人进攻领村。西江特委和中共高要县特别支部的领导人黄学增、周其柏、罗国杰、陈均权、蔡日升、何遂和县工农革命军负责人一起研究作战方案。他们将1000多名农军集中起来，编成一个大队，由黄学增、何遂任大队正、副指挥。大队下设四个中队，第一中队负责从炮楼的正面抗击来犯之敌；第二中队的三个分队分别把守十余座护村炮楼，监视其余三个方向；第三中队为后备力量；第四中队（后勤队）则由妇女组成，负责军需物资的供应补给工作。

敌人首先进攻料村，把民房烧毁，杀害农会执委严炳寿和农民严亚日等七人，全村变成瓦砾。敌人继而进攻波河村，大肆奸淫抢掠。当日上午11时，敌人进犯领村，把领村围得水泄不通。农军凭借1926年领村群众构筑的护村河，护村墙和14座炮楼，同敌人进行激战。当敌号兵吹第一次冲锋号时，就被镇守炮楼的队长梁杨照一枪击毙，随后敌人连续几次进攻未达，一直战斗到天黑。这天打死敌人16名，打伤敌人30多名。

14日清晨，敌人全线出动，四面向领村进攻，发动了好几次冲锋均无法攻入领村，这天农军毙敌五人，伤敌十多人。农军在激战中牺牲六人，伤十多人。

15日早上，敌人疯狂地向领村进攻，机关枪响个不停。下午3时，敌人在虎头山上架起“七生半”大炮（75山炮），向领村的炮楼连放六发炮弹，一座炮楼被击开一个洞。敌人虽然有大炮和机关枪的强大火力，但在农军的坚决抵抗下，仍无法攻入领村。

战斗到了第四天，敌人连续发炮轰击，在机关枪密集火力掩护下，连续向领村发起冲锋，一直战斗到天黑，农军又毙敌七人，伤敌十余人。是夜，黄学增、何遂、伍耀辉、谢忠、梁杨照、陈深分、陈杞、陈佐洲、谢大德、许其忠、伍秋明、聂文波、伍瑞洪等人召开会议，认为现存子弹不多，粮食不足，敌我兵力悬殊，难以坚持，为了保存实力，减少牺牲，决定突围转移出去。深夜12时，领村500多群众和游击战士300余人巧妙突围。半小时后，敌人发现农军和全村群众均已撤离领村，于是一拥而入，焚烧抢掠，全村变成了瓦砾地。在四天四夜激烈的防御战中，农军处于众寡悬殊的劣势条件下，凭着坚固的阵地工事和勇敢机智的战斗意志，总共打死反动军队和民团31人，打伤39人。

突围出来的300多农军集结在金钟山上，在共产党员许其忠的率领下，活跃于高要、广宁、四会县的边境山区，经历了大小战斗数十次，一直坚持到1929年，在敌人的不断“围剿”下，才被迫解散。

在第一次大革命和土地革命斗争中，领村及二区各乡的共产党员、农民群众在对敌斗争中，不怕流血，不怕牺牲，如伍腾洲、聂文波、谢忠等120位烈士为革命献出了自己宝贵的生命，充分体现了中华民族优秀儿女的不屈不挠的斗争精神。为了纪念这120位烈士，高要县人民政府于1973年2月在乐城镇领村建起一座“领村革命烈士纪念碑”，使革命烈士的芳名与世长存。

六、广利（原属高要辖区）暴动

1927年冬，中共高要县特别支部按照中共西江特委部署，决定于11月5日凌晨，组织第六区、第七区的农卫军联合攻打国民党第六区区署，举行广利暴动，建立革命政权，以牵制粤桂军阀集结在西江的部队，配合广州起义。

11月4日深夜，总指挥陈福昌、副总指挥陈友、沙浦农会主席陈进率领沙浦农军抵达桃溪，与桃溪、苏坑、八庙农军会齐后，分三路横渡西江。第一路由陈福昌带领，从砚洲渡江正面攻打区署；第二路由冯三娣、李王三、谢同剂等率领，从西面渡江，到独阳亭登陆，直取广利圩头；第三路由陈友、陈大桥、赵贵率领，从东面渡江，到广利猪仔圩尾登陆，与北面的水坑、下莲塘等农军队伍联合攻打广利圩尾。集中在桃溪的三路农军队伍200多人，分乘几艘大木船，分别向各自的目的地进军。

5日凌晨4时左右，陈福昌带领的第一路队伍已渡过砚洲，在基围边与六区区署隔江相对，待时机一到即刻渡江，占领区署。第二路农军分乘两只船悄悄直驶独阳亭，行进间碰上了“大中国”轮船经过，两木船欲掉头隐蔽，但轮船主发现木船上有农军，误以为农军向轮船进攻，于是全速前进开往六区署报信。李王三当机立断，指挥队伍急向广利谭村附近登陆，跑步前进，攻打广利圩头。

区长梁印渠得到轮船主的情报后，急令将广利圩各闸门紧闭，并命令民团占据宝源当铺楼顶，架设机枪进行抵抗，又由何老八率领民团迎击农军。第三路农军与第一路农军同时登陆，到达广利圩尾，这时几路农军已把广利圩包围起来，发起几次冲锋，但由于闸门紧闭，冲不进去。水坑、院主等农军队伍，中途遇敌军拦截，发生战斗，不能及时赶到。敌凭借堡垒和几挺机关枪固守，农军一时攻不进去，陈友猛冲猛打迫近闸门，内应陈兴寿见状突然从横巷冲出，飞步扑向闸门，正在动手扳门之际被敌发觉当场抓住，农军中的一名指挥伍时元跃身冲上去，又不幸中弹牺牲，陈友这时也顾不得危险冲到闸门口，后面几十名农军紧紧跟上，一时间枪声大作，闸门内何老八指挥民团负隅顽抗，陈友手持驳壳枪一连击中几名民团，但他身中数弹，不幸牺牲。双方激战数小时，终因弹药不足，寡不敌众，屡攻不进广利圩，为保存农军实力，陈进、陈福昌等指挥员下令全线撤退。下午1时许，沙浦、桃溪等地的农军乘船安全撤回桃溪，从北边包围广利的水坑、院主等地农军也同时撤返原地。这次战斗牺牲了陈友、伍时元、赵贵等七名优秀的农军战士。凶狠的团丁还将俘获的陈兴寿等三人残暴地生宰。

广利暴动后，反动区长梁印渠乘机报复，勾结驻肇庆的广东守备军营长黄规南和高要县长严博球袭击农军驻地沙浦、桃溪，于12月17日，反动军队400多人兵分两路，一路由桃溪直下，一路直到镇岗庙。当敌人就要登陆时，被农会的通讯员李佑发觉，立即奔向告讯，但不幸被埋伏的敌人发觉，向他开枪射击，李佑光荣牺牲。枪声一响，农军知道被包围，撤退回沙浦的陈进、谢同剂、冯三娣等分别率农军立即奋起抵抗。在敌众我寡的形势下，农军被迫撤出。敌人进村疯狂斩杀抢劫，共烧毁房屋120多间，杀害了20多名来不及撤退的会员。谢同剂、李王三率领10名战友暂转入烂柯山砚坑村隐蔽。但被村中一名反动分子为领取反动派的花红赏银向民团告密，暗地引民团围攻砚坑村，经过激战，农军弹尽，谢、李及十多名农军战士被捕。12月21日，反动民团将谢、李等押往桃溪村边杀害。就义前，谢同剂带领农军高呼“打倒地主阶级！”“打倒军阀走狗！”“中国共产党万岁！”等口号。

另一部分农军在陈进、陈福昌的率领下突围，退到乌球莫坑村附近，由于弹尽粮缺，决定分散隐蔽。但守备军及民团出花红到处缉拿冯三娣、陈进、陈福昌。冯三娣在三水被捕，解回沙尾被杀害。陈进、陈福昌等因村里的不良分子告密被缉拿，解回沙尾后，反动团丁将陈进捆在一棵秋枫树下，用利刀割断他脚筋，再用香火灼他的脸，陈进坚贞不屈，大骂国民党反动派祸国殃民。其余的几位农军也受到不同程度的折磨。后来，陈进、陈福昌等被国民党反动派押至肇庆杀害。农军反击行动失败后，计有农会正、副主席、农军等54人被捕杀害。在战斗中，有位13岁的农军义务通讯员谢亚三被反动民团强迫带路上山“清剿”农军，谢亚三故意带错路，掩护了农军，后被敌人发觉，把谢亚三枪杀在路上。新中国成立后，高要县人民政府追认他为革命烈士。

为了纪念陈进、冯三娣、陈友等54位革命先烈，高要县人民政府于1959年在沙浦西江河边建起一座“沙浦革命烈士纪念碑”，使革命烈士的英名以及他们的丰功伟绩流芳百世。

这次高要广利武装暴动虽然失败，但对国民党反动派尤其是广利区署是一次沉重打击，充分显示了农民武装的威力，有力地配合了广州起义。

第四节　中共高要县委成立

1927年11月，高要县党组织在肇庆“四·一六”事变中脱险幸存的共产党员许其忠等人，与省委调派到高要工作的共产党员共同进行恢复组织、部署暴动的工作。“粤桂战争”前夕，根据中共西江特委的指示，于11月5日组织了第六区、第七区农军联合攻打国民党第六区署，举行广利暴动，以牵制粤桂军阀集结在西江的部队，配合广州起义。按照省委的决定，11月18日秘密成立中共高要县委员会。县委成员由中共广东省委指定，隶属中共西江特别委员会。

1927年11月县委成立至1928年6月这段时间，县委直属的党支部有一区的大池支部、仓元支部、一区警卫队支部；四区的新桥支部、四区警卫队支部；六区的沙浦支部、丙田支部；七区的莲塘支部、大埔支部、富廊支部、七区警卫队支部；肇庆的理发支部、建筑支部、塔脚街道支部、县警卫队支部、军队支部，共16个党支部。没有设区委。1928年5月统计有党员102人，其中工人党员15人，兵士党员21人，知识分子党员4人，农民党员61人，女党员1人。

1928年2月3日，中共广东省委制定了新的《西江暴动工作计划》，要求西江扩大各县暴动，形成西江割据局面。当时，在国民党反动派的白色恐怖下，党团组织、群众团体遭受严重破坏，共产党员、共青团员和工农群众惨遭杀害，高要县委组织的成员由于牺牲、失踪、逃亡等原因，留在高要主持工作的只有陈启熙、许其忠、梁云森三人，而许其忠这时的主要任务就是带领高要农卫军在高要与广宁交界的一带山区坚持游击战争，准备再次配合西江暴动。留在县委主持工作的实际上只有两人，组织机构处于不健全状态。西江暴动的任务在高要只是二区大迳有小规模的行动配合，其他各区乡均在国民党反动派白色恐怖的笼罩下无法实施。

高要县党组织非常重视党的发展工作，虽然处在十分恶劣的环境中，但发展新党员的工作仍然没有放松，1928年5月就发展了30名新党员，为党组织输入了新鲜血液。

中共高要县委员会成立以来，由于国民党反动派的残酷镇压，致使其在成立的一年多时间里，先后进行了三次改组调整。

县委的第一次改组调整是在1928年6月。5月26日，中共广东省委发来《关于党组织工作问题给高要县委的指示》，指出县委组织不健全已陷入极点，应立即进行改组。6月18日，按照省委的指示，召开县委第一次会议，进行了改组，选出了新的县委成员。改组调整后县委机关设在肇庆，隶属中共广东省委员会。改组调整后的县委书记是周桓。

县委设职工运动委员会和兵士运动委员会、县委秘书、组织科、县委巡视员。

8月4日，中共广东省委根据高要县委向省委的汇报，省委讨论了高要问题，对高要的工人运动和农民运动作出指示，并指定省委派来的李运全专抓肇庆职工运动，抓好工农运动和武装斗争工作。

同年8月，根据省委的指示精神，县委进行第二次改组调整。刚改组不久的县委，由于组织不健全，省委西江巡视员卢济鉴于前县委已解体，指示组织临时管理委员会，以一个月为限再召开扩大会议选出正式县委。改组后的县委组成人员由西江巡视员卢济指定。下辖四区和七区两个临时委员会，九个党支部，实有党员95人，机关设在肇庆，仍隶属中共广东省委员会。第二改组调整后的县委书记是李添（省委派来）。县委设职工运动委员会，省委指定李运全任职工运动委员会书记。

同年11月，县委机关遭到破坏，县委书记李添被捕。根据省委有关指示精神，中共高要县委进行第三次改组调整。调整后，中共广东省委候补常委、西江巡视员卢济兼任高要县委书记，主持县委工作。1928年11月至1929年1月，隶属中共西江特别委员会。1929年2月至3月，隶属中共广东省委员会。机关设在肇庆，下辖第四区、第七区两个临时区委会。中共第四区（新桥）和第七区（永安）临时委员会书记均由西江巡视员卢济兼任。

1928年11月，中共广东省委召开第二次扩大会议，作出《关于党的组织问题的决议案》。广东省委根据扩大会议的决议，决定西江工作以肇庆、三水为中心，设立中共西江特别委员会。肇庆工作由特委直接指挥，成立与高要县委相平行的县一级组织机构——中共肇庆县委员会。机关设在肇庆，隶属中共西江特别委员会，书记谢桂荣（省委候补委员）。1929年2月，肇庆县委合并到高要县委，从成立到合并只三个月时间。

1929年3月，中共广东省委对西江的工作作出新的决定，认为西江目前只得高要可开展工作，而且高要也只有一两个区能开展工作，其他各区在国民党反动派的白色恐怖下无法开展活动。因此省委决定要全面推进西江的工作。此外，加之当时的高要县委书记，第四区（新桥）、第七区（永安）两个临时区委会的书记都是由省委巡视员卢济兼任的，空洞地存在一个县委，对各区的指导亦无多大益处，决定取消中共高要县委，将第四区、第七区两个临时区委会合并，成立中共高要县特别支部，与中共广东省委直接发生联系。

由于国民党反动派的残酷镇压，高要县委在成立的一年多时间里，进行了三次调整，到1927年春夏间，县委一级的组织活动开始中断，但少数党员的活动也坚持了一段时间。高要农军游击队接到广东省委关于停止武装斗争的通知，才停止了武装活动。县一级党组织从1930年至1936年秋这段时间中断了组织活动，时间达七年之久。

第三章

抗日烽火

第一节 民众抗日自卫团

“七七事变”后，高要县政府为组织群众抗敌御侮，于1938年4月成立广东民众抗日自卫团高要县统率委员会，负责指挥各区乡自卫团队共同抗日。县统率委员会有九人，设主任和副主任各一人，主持会务工作。主任委员是广东省第三区保安司令陈斗宿，副主任委员是梁乃森。其他委员是县内各区的知名士绅。委员会内设专职人员数人，由省统率委员会派来的军校毕业生李寿祺为专职训练员。委员会的办公地点设在肇庆睦民路口正对面的一间两层楼房。

抗日自卫团基层组织是分队，一个村设若干分队（分队下编班），每一个分队有队员二三十人，一个小乡或两三个自然村设一个中队，二至四个中队组成一个大队（一般是一个大乡设一个大队），一个区或联区设一个支队，如羚羊峡下包括广利、沙浦、永安等组成了一个支队，支队长是永安镇旧屋村的马毓厚。各中队长大多是在任的乡镇长兼任，但也有退伍军人担任的。自卫中队以上，俱设立队部，各级队部的编制同正规部队差不多。各级队部的成员，系由乡公所的职员兼任。各级队长和官佐，均自费购置全套军装，有些还佩戴上与自己职务相等的领章，俨如正规军。

各乡自卫团组织成立后，起初不是常设的，1938年秋，日本侵略军占领广州后，各自卫团即奉命集结，集中食宿，队员日夜轮班站岗放哨。队员全部是当地适龄壮丁。队员非值班时，可以各自回家种田，听到集合令就要立即归队。队长和队员都是义务的，只供给伙食，没有薪饷，队部只能报销必要的办公费。武器来源全是当地群众或各姓祖尝[①]置下的枪弹，借给自卫团使用。伙食费、办公费的筹集是向田亩抽收附加费，或从各姓祖尝和当地殷实大户借支。但往往不敷应用，所以各乡都向烟赌筹饷，同时，在毗邻的沦陷区设站收“过境费”。

广州沦陷时，机关、部队、团体、学校纷纷撤退，人群如潮水般向西、北两江涌来。国民党的部队辎重车过后，夹杂在逃难人群中的散兵游勇、警察等，他们缺乏路费，往往将身上的枪弹出卖。十多块大洋券便可买到一支七九步枪或曲尺手枪、土左轮，二三十元便可买到一支航空曲手枪，一元几角便可买到一颗粤制手榴弹，甚至子弹、手榴弹可以成箱地买卖。因此，自卫队的武器借此得以充实。当时公路沿线还算好，没有发生强买强卖、抢劫和杀害难民等事情，这是抗日自卫团维护地方治安起到了一定的作用。

广州沦陷后，全县的抗日最前线是永安贝水圩，这里临近西江，经常有日本侵略军的橡皮艇巡逻游弋，空中还有敌机低飞盘旋侦察。自卫团虽然是群众组织，但队员面对敌人的橡皮艇、飞机却毫无惧色，抗日热情相当高涨。

日本侵略军势力延伸至三水按兵不动，战事呈胶着状态。1939年初，全县抗日自卫团奉命改编为“集结队”，经接受改编，重新成立的有禄步一个集结大队，大队长是李冠千。新桥一个集结大队，大队长是廖强。肇庆一个集结大队，大队长是谭乐天。羚羊峡下原来有一支队，也缩编为一个集结大队，大队长是

---

① 祖尝：是族中的祖业征尝，也称公偿、公款。

苏延泽。所有原来的支队、中队、独立中队等全部解散。原来的队员，凡志愿去当专业集结大队队员的可以由原来的队部介绍，自己去报名参加。

上述各集结大队，除新桥廖强的集结大队外，其余各大队在1944年秋，已先后瓦解不复存在。

第二节 以隐蔽的方式与敌抗争

1939年1月，国民党发出了《限制异党活动、统一青年运动》的文件，制订了一套反动的“溶共”“防共”“限共”“反共”的具体政策。并于同年6、7月波及高要。

在国民党反共逆流到来之际，为了更好地开展反逆流的斗争，共产党的活动方式由公开的活动转为隐蔽的活动，党组织由集体领导的委员制改为个人负责的特派员制。共产党员用公开的职业作掩护，党的活动对象从青年转到工人、农民，活动范围从城镇转到农村，这时的白土党支部因而能坚持与国民党顽固派斗争到底。

一、以隐蔽的方式开展党的活动

国民党反共逆流的到来，西江特委（中共西江特别委员会的简称）和中共高要县工委迅速安排已暴露的同志疏散转移，党的活动方式也随之改变，原来轰轰烈烈地开展大规模的抗日救亡活动的场面无法再出现，工作对象主要从青年学生转到工农群众方面来。西江特委（中共西江特别委员会的简称）和中共高要县工委迅速采取措施，把公开、半公开活动转为分散、隐蔽的秘密活动，把许多的党员安排在国民党的一些部门工作，以公开的身份，合法的形式进行党的工作和群众工作。当时，高要县党组织在县邮政局、塔脚、沙街和福肇社26号等肇庆城区内和禄步、白土圩、白土马安村等地都设立中共的地下交通联络站，这些党员都以公开职业作掩护进行党的活动。

1939年3月，已任中共高要特派员的陈道（陈彦祥），公开身份是高要县邮电局局长，凡是党要通过邮政的东西，都是经过他来完成，他不仅负责西江特委的地下交通，而且负责全省邮政方面的地下党的交通工作。1940年4月因身份暴露不能立足广东而调往延安工作。地下党员陈苏（陈铮朗）的公开身份是国民党广东省府中枢电台台长，他与陈道一起担负西江特委机关安全责任，他俩经常把注有暗号、代号的信件抽出来，转到地下党员宋兆真（女）传递给有关联络点，秘密地交给西江特委领导人。其他党员如白土马安的党员林耕尧、陈普初等以教师的职业作掩护，潘耀荣、吕友的公开职业是雄风报社的工人，刘智明在禄步以摆卖咸酸档作掩护，秘密开展党组织交办的工作。

二、加快党组织的发展与中共高要县工作委员会的建立

1939年1月，根据西江临工委的指示，成立中共高要县特别支部，隶属中共西江临工委，特支机关设在四区的长利村苏佩瑜的家里。由苏佩瑜任特支书记，唐章任特支副书记，林玩（媛）任组织委员，鲁恩煦任宣传委员。

中共高要县特别支部重建后，认真贯彻中共中央六届六中全会精神，和西江特委书记王均予于1939年3月在广宁石涧召开西江北岸几个县的党组织负责人会议精神，响应党的号召，采取措施，加快发展党组织步伐。当时高要县的抗日救亡活动非常活跃，许多青年都参加了各种救亡组织，他们在党的领导和教育下，思想政治觉悟有了较大提高，为特支发展党员打下了良好的思想基础。这时党组织发展比较快，党员人数较多的是1938年底至1939年上半年，包括派到高要和新吸收的共有80多个党员，在

抗先队里有唐章（又名唐汉章）、宋兆真、鲁恩煦、杨文晃、林玩、黎定忠等；中共桃溪支部有何藻燕、何绍宗、何汉游、何藻贻等五个党员；在海军护雷队的中共小组有丁鉴成、姚硕等四个党员；在国民党军队里的中共党员有刘周屏（刘坚）、李浩（李思明）、黄芷香（黄梅）；高要抗日自卫团第二中队中共支部有陈志驹、李坚、李学府等；大沙自卫中队有中队长黄显声（今属四会市管辖），省赈济会七、九分队中共支部有诏奎、龙少平等六个党员；国民党暂编第二军艺宣队中共支部有袁锋（又名袁鸿习）、叶掌、李珠园、胡伟川、卢以谦、郭仲洵、叶振华、黄佩琼、陈荣杰、刘德彬、黎朝华（黎范）、麽兆熊、崔南波、张学臻等十四个党员；高要书店中共小组有谢权、邓锦波（又名邓子英）、苏带；白土乡公所有陈健（麦礼）；马安有林耕尧（林哲）、潘耀荣、陈普初；肇庆中学有杜晖、马平；高要邮局有陈道；四区长利村有苏佩瑜、苏家驹；禄步有刘智明；工人党员有吕友、欧佳；高要仙洞村有何敏、何露两个女党员（在高明合水三小入党），还有苏文静、余显伟、余渭泉、许侃；肇庆沙街有个姓孔的党员，其公开身份是保长；水坑新吸收三个青年农民党员，鼎湖有两名党员等。据1939年统计，全县发展新党员29人。当时中共西江特委机关设在肇庆，机关内党员有刘田夫、梁嘉、梁威林、杨甫、龙世雄等16人。这些党员在如火如荼的抗日救亡运动中，促进了自身的发展，壮大了中共高要县地方的组织队伍。为加强党的建设和推动抗日工作的开展，1939年3月西江特委决定撤销中共高要县特别支部，成立中共高要县工作委员会，工委书记苏佩瑜，组织委员唐章，宣传委员陈道。工委机关地址不变，下辖桃溪、省赈济会第七和第九分队、高要县自卫团第二队、粤桂江防司令部峡下海军护雷大队和水雷队、鼎湖坑口、高要书店等党支部和党小组。峡上各区和县城肇庆的党组织关系均

西江特委交通站旧址，肇庆城区麒麟街54号，刘田夫书记曾在这里工作、居住、指挥抗日救亡工作活动

由西江特委直接领导。

三、委员制改为特派员制

随着斗争方式从公开转入隐蔽，党组织领导的体制和活动方式相应改变和调整，将集体领导的委员制改为个人负责的特派员制，实行单线领导，进一步严密党的组织。1939年9月，西江特委决定取消中共高要县工作委员会，改为特派员制，调唐章到广宁任县委书记，由陈道接任高要县特派员，机关设在肇庆。陈道负责的组织关系有省赈济七、九分队的一个支部和几个党员，包括一五六师政治部科员周屏、一五六师政工队员黄芷香、军委政治部李浩，抗先队员宋小静、县三区区公所陈健、在“西清”[①]入党的谢权。峡下的党员由西江特委直接领导。1940年4月，陈道调往延安工作后，西江特委派谭丕恒接任高要县特派员职务，下辖国民党暂二军艺宣队支部、白土支部。是年8月，特委调吕

① “西清”：是国民党“清剿”西江地区共产党组织事件。

友到高要，协助谭丕恒工作。

谭丕恒任职期间，贯彻中央、省委、西江特委的指示，把党的抗日救亡工作从城市转向农村，着重抓白土马安和禄步两个点（禄步是个备用点），使马安党支部在反动逆流到来之际，能坚持斗争到解放，使党能在农村扎下根。1940年11月，谭丕恒因暴露身份，调离高要到三水县工作。西江特委指定吕友为高要县党组织的临时负责人。1941年4月，西江特委改设西江特派员制，冯燊为西江特派员，张华任副特派员。

同月，吕友调中共粤北省委工作，西江特派员再没有指派继任领导人到高要。这样，从1941年4月开始，高要党组织已没有县一级的领导机构，留下少数党员的组织活动直接由中共西江特派员分别领导和联系。

第三节 共产党领导的抗日反顽斗争

1944年8月，中共广东省临委、东江军政委员会及各地党组织负责人在大鹏半岛土洋村举行联席会议（下称“土洋会议”）。会议全面分析了当前广东的抗日斗争形势，传达贯彻中共中央的指示，并作出了关于广东各地党组织必须以抗日武装斗争为重点，积极恢复党组织活动的决定。会议号召各地党组织放手发动群众，开展全省抗日游击战争，务必使全体党员明确武装斗争是当前的中心工作，必须积极投身于这一伟大斗争中去。西江党组织和高要县党组织根据土洋会议的精神，发动群众，从抗日救亡为主转入抗日武装斗争。

一、党组织的恢复

根据土洋会议精神，省临委于1944年10月对西江地区党组织明确地作出两点指示：一是恢复西江党的组织关系和工作活动；二是在敌后发动群众、组织群众开展游击战争，建立游击根据地。是年11月，中共西江党组织负责人冯燊在郁南召开会议，在会上宣布成立中共西江临时工作委员会，由王炎光任书记，欧新、唐章分别负责组织和宣传工作。欧新负责西江北岸各县工作，唐章负责西江南岸各县工作。高要的党组织也同时恢复了活动。直接由西江临时工作委员会领导。党组织恢复活动后，便着手准备武装斗争有关事宜，以抗日武装斗争为中心开展党的各项工作。

在西江党组织的领导下，西江北部的高要人民积极配合西江人民抗日义勇队抗击国民党军队。这个部队是在1945年2月24日由四会、广宁两县起义队伍会合后宣布成立的，共210余人，队长陈瑞琮，政委欧新。这支部队在高要禄步设立了一个地下交通站，交通站的站址设在禄步镇冲口村陈乃忠的家里，站的负责人陈乃忠。陈乃忠、陈乃智、刘乃仁是结拜兄弟，他们于1945年一齐去广宁县参加了欧新领导的西江人民抗日义勇队。1945年8月，欧新派陈乃忠、陈乃智回家乡禄步镇建立党的地下交通站。部队安排刘乃仁与陈乃忠联系。站的负责人还有李国侯（原名李映华），禄步岗头村人，任禄步镇中心小学教导主任。1947年9月，李国侯安排陈乃忠在该校任教。是年秋，刘乃仁带领一小队游击队转返高要与德庆县交界的枫木坪活动。经陈乃忠介绍，刘乃仁批准，李国侯加入了党组织，与陈乃忠一起做交通站的工作。该站的交通员有梁顺宜（陈乃忠的妻子）、陈北海、陈永琪、刘亚咩。

二、白土党支部积极准备武装斗争

根据土洋会议的部署，省临委于1944年10月11日成立中共中区纵队，开展粤桂边境抗日根据地的战略，确定向西发展，向北挺进。10月20日，中区纵队领导机关主力400多人在梁鸿钧、罗范群、刘田夫、谢立全等人的领导下挺进了粤中的皂幕山、老香山。以此为依托，建立新高鹤抗日游击区，作为西进的立足点，逐步向粤桂边境推进。10月25日，中共中区副特派员郑锦波负责筹建高明县人民抗日游击队，以高明小洞为中心据点，以小洞武装常务队为基础。11月10日，召开高明人民抗日游击队第三大队成立大会，黄仕聪任大队长、郑锦波任政治委员、沈鸿光任副大队长，下辖长江、黄河两个连队，共140多人。1945年1月28日，根据武装斗争形势需要，高明人民抗日游击队奉命改编为广东人民抗日解放军第三团（简称第三团），团长黄仕聪、政治委员郑锦波、副团长沈鸿光。1945年3月，广东人民抗日解放军总部派严尚民为督导统率第二、三团和独立营留在皂幕山、老香山抗日游击根据地坚持斗争，掩护主力部队西进，活动于高明、高要县南部、鹤山县之宅梧和新会县西北部等地区，并在三区良村建立了交通站，以该站为基点，发展了赤水塘、刘村、虎坑等交通站，充分发挥高要党组织和抗日武装力量的核心作用，广泛发动人民群众开展抗日反顽武装斗争。

1944年12月，中区党委派党员吴显慧到白土找到林耕尧传达恢复活动以及武装起义的精神。从此，白土支部恢复组织，在中共党委的领导下进行各项工作。

1942年5月，由白土党支部直接领导的抗日自卫联防队成立，建立了发展党员及抗日活动基地。图为白土均安（马安）乡抗日自卫队部旧址陈氏宗祠

白土党支部成立和活动旧址：白土均安乡（现马安村）中心小学水阁

上图是原白土马安党支部书记林耕尧的家，西江特委书记、特委成员冯桑、谭丕桓于1940年至1941年曾在这里居住，并指导开展抗日活动

这时林耕尧在均安（白土马安）乡开展了反“三征”（征粮、征兵、征税）活动，推动了回龙各乡的反“三征”活动开展。白土支部根据上级党组织的部署，计划组织武装起义，成立高要独立营。当时国民党在白土有两个大队的军力，一支是“捞家”出身的李少雄为大队长的县府第二自卫大队，另一支是以南海县土匪出身的梁恩为大队长的县府特务大队。1944年底，林耕

尧到高明向广东人民抗日解放军要明督导处汇报了他们的设想，以反“三征”为口号，以均安乡为基础，争取李少雄大队起义，力争在清明前后举行武装斗争。督导处主任严尚民基本同意这个设想，并强调以组织基本群众的武装力量为主，指出对李少雄大队不能存在过高的希望。按照上级指示，支部各人分工负责，林耕尧负责全面，着重组织农村群众的武装力量。为此，该村选了6名青年到广东人民抗日解放军第三团当兵，为武装起义作准备。而陈普初负责争取李少雄大队起义的工作，沈毅负责宋隆中学学生的组织工作，由林世光协助。正在这时，发生了国民党县府以“破坏县府在学生中招收青年军”的罪名逮捕了宋隆中学教师马千里（马达，党员）、虞端章（杨明）的事件。支部决定全力营救两位老师，得到校董黄泽南的支持，并亲笔写信给国民党县长覃元超，要求放人。第二天，由宋隆中学校长和陈普初、教师夏伟聪（党员）带领约200人一同出发，去县府保人，覃元超见势不妙只好放人。后来，马、夏、虞三位党员老师在寒假期间

在白土党支部推动下，白土的学运和抗日活动十分活跃，图为白土宋隆中学旧址五云书院

1945年4月7日，广东人民抗日解放军攻打国民党别动大队。图为别动队驻扎的二世黎公祠

撤离白土，组织派陈普初于1945年2月到宋隆中学任教导主任。

1945年3月下旬，林耕尧与陈普初到要明督导处研究白土起义问题，会议认为条件未成熟，特别是没有自己的主力武装，会议决定在4月上旬先攻打白土消灭梁恩大队，进而拉紧李少雄。3月底，督导处派陈全，后又派谢汝良到白土侦察地形、研究作战方案。

1945年6月，国民党一五四师在地主反动武装的配合下，大举向新高鹤扫荡，由于抗日解放军一时失误，遭受较大损失。8月，该师进犯要明边境，反动逆流一时猖獗，李少雄向国民党县府告发陈普初搞起义，县长覃元超下令县自卫第一大队长廖强到白土捉拿陈普初，但被中共线人获此消息，火速通知白土交通站，党支部决定陈普初撤离白土，8月8日早晨陈经新桥转到肇庆，使当天下午3时廖强带队到白土捉陈普初扑了个空。由于形势严峻，沈毅、林世光先后转到广州，林耕尧在马安村坚持到1946年上半年离开白土后转香港，筹划的白土武装起义没有成功。

第四节 迎接抗日战争的胜利

1945年7月26日，美、英、中发表《波茨坦公告》，促令日本无条件投降。8月8日苏联对日本宣战，沉重打击盘踞在中国东北的日本关东军，缩短了对日战争的时间，中国的抗日战争进入了全面反攻阶段。这时，国民党军队主要集中在中国西南、西北地区，日本侵略军所占领的大部分城镇、交通要道和沿海地区则处于中国共产党领导的抗日根据地的包围之中，因此，全面反攻的任务，主要由敌后抗日根据地的人民军队承担。8月9日，毛泽东发表《对日寇的最后一战》的声明，向全国各个抗日根据地发出对日、伪猛烈反攻的号召。8月14日，日本政府照会美、英、苏、中四国政府，表示接受《波茨坦公告》。15日，日本天皇宣布无条件投降，9月2日，日本代表在投降书上签字。

这时盘踞在西江一带的日本侵略军闻其投降的消息后纷纷逃窜，沿江各城镇先后收复。9月16日，国民党广东省第三行政督察专员陈文与高要县县长覃元超晤商回肇庆恢复政权，并派出县府代理秘书梁荣墀和后备队指挥所的莫启明到肇庆与日军荒武大尉谈判撤军问题。日方先是横蛮地拒绝移师，后又不得不奉其上司之命，定于是日下午将部队撤离肇庆。傍晚，伪人民委员会秘书王经陪同梁荣墀往镇内城中路云园会访伪人民治安委员会主任陈青选，陈表示愿意将伪政权交出，并与伪人民治安委员会成员随日军撤往广州，只留下伪保安司令范德星在肇庆。

晚上8时，驻白土的国民党高要后备队指挥所第三大队林展中部队，先后由金渡过江，到达肇庆镇下黄岗后继续向城内推进。国民党特务总队长翟生部队由大湾窦头圩北渡西江，占领肇庆龟顶山。陈文、陈斗宿、覃元超三人由新桥出新兴江，17日晨，在负责警备的廖强部队的护送下，三人乘大明星汽轮渡江，从肇庆南门上岸入城。这时，国民党政警中队也汇同高要县第一自卫大队由塔脚入城，进城后，勒令伪保安队全部缴械，并立即逮捕汉奸分子范德星，其后即将其处决。是日，肇庆人民欢呼雀跃，各机关、团体、报社、地方驻军、中等学校纷纷回迁肇庆镇。政权恢复后，当局立即颁布全县的田赋及兵役停征一年。

中国抗日战争的胜利，展示了中国共产党的抗日民族统一战线政策的威力。在中华民族处于危亡的紧急关头，中国共产党克服了党内“左”倾关门主义，主动提出与国民党再度合作，发出了“停止内战，集中一切国力共同抗日”的号召，举国上下，万众齐心，同仇敌忾，建立以国共两党合作为基础的抗日民族统一战线，进行全民族抗战。英勇的中国人民在中国共产党的领导下，建立敌后根据地，开展抗日游击战争，前仆后继地抗击日本

鳌头抗日自卫队部分指战员合影

侵略者，取得了抗日战争的胜利。中共高要县党组织正确执行了党的抗日民族统一战线政策，在高要境内发生的多次战斗都取得了辉煌战果，谱写了高要人民可歌可泣的历史篇章。抗日战争的胜利极大地推进了中国革命的历史进程，为中国民族民主革命的彻底胜利奠定了坚实的基础。

4

第四章

解放新篇

第一节 恢复武装斗争，开辟革命新区

抗战胜利后，中国共产党代表人民的根本利益和愿望，争取实现全国的和平民主、停止内战，建设一个新中国。但蒋介石政府违背人民的意愿，公然挑起内战。1945年8月后，下令“剿共”，妄图用武力消灭中国共产党及人民武装。是年10月20日至30日，国民党广州行营主任张发奎为执行蒋介石“围剿”中共武装的密令，在广州召开“粤桂两省绥靖会议”，诬蔑广东的抗日游击队是“土匪”，加紧策划和部署向广东的抗日根据地进攻。随后，张发奎即大规模调兵遣将，集结了8个军22个师，联合保安团、各县团队，伺机向广东各个抗日根据地发起进攻。在西江两岸地区，国民党当局从广西向西江两岸地区调进全副美式装备的第六十四军一三一师约10000余人进驻清远、四会、高要、德庆、三水。迫于严峻的形势，西江地区的中共党组织认真研究和贯彻中共中央和广东区党委“计划分散坚持”的指示，把主力部队分散转移，隐蔽活动，等待时机。这样使人民武装斗争暂时停止活动。1945年12月，广东区党委又决定在西江以北恢复中共西江特别委员会，在西江以南成立中区临时特别委员会，领导西江地区坚持斗争。北部由梁嘉、谢斌负责，南部由罗范群、刘田夫负责。广东区党委要求各个地区凡有部队活动的地方，实行党政军统一领导。

一、恢复武装斗争

1946年6月26日，蒋介石背信弃义，悍然撕毁停战协定，挑起全国性内战，向中原解放区发动全面进攻。11月17日，中共中央对广东游击战争的开展再次发出指示。广东区党委接受了中共中央的意见，于当日作出“恢复武装斗争”的决定，并制定了“实行小搞，准备大搞，从无到有，以小到大，稳步前进”的战略方针，号召各地留下的武装人员，重新拿起武器，建立武装队伍，发动群众进行反“三征”和减租减息斗争，打击地方反动武装，建立武装政权，建立游击据点。

1946年6月，广东人民抗日解放军部分人员随东纵北撤山东后，新高鹤地区留下梁文华、叶琪、黄就、黎荣德、许飞、罗连贯、胡珠林、阮明、朱养、黎康杰、梁波、梁光明十二位同志，在梁文华指挥下，在新高鹤地区坚持武装斗争。

1947年2月，新高鹤党组织负责人梁文华到江门汇报工作，中区特派员谢永宽向他传达了广东区党委关于恢复公开武装斗争的指示，要求迅速集结队伍，取出埋藏的枪支开展以反“三征”为主要内容的武装斗争。梁文华返回新高鹤后，将“实行小搞，准备大搞”的指示精神传达到留下坚持斗争的人员，个个都摩拳擦掌，斗志旺盛，“以待时机”的时刻终于到来了。于是，他们立即将分散坚持武装斗争的三个小组集合起来，动员复员人员归队，吸收青年积极分子参军，并取出埋藏于高明边坑和鹤山大塱的武器，计有机枪两挺，步枪20余支，组成一支50多人的武装基干队，公开以“新高鹤人民抗征自卫队”的名义开展活动，由戴卫民任队长（公开队长是谭桂明），李法任指导员。为迅速适应斗争需要，基干队集结后，立即以毛泽东的建军思想为主要内容，结合战略、战术、军事技术等进行军事训练，提高队伍的素质。经过3个月集训，队伍思想觉悟有了很大提高，培养发展了一批共产党员。为恢复公开武装斗争作准备，队伍集训后，基干队派遣武工人员进入新兴、要南等开展活动。

1947年5月间，谢永宽在恩平县圣堂村附近山区主持召开中区各地武装负责人会议。会议进一步传达学习了中共中央、广东区党委关于加快发展游击战争的指示和决定，分析总结了中区分散隐蔽武装人员近一年来坚持斗争的情况和经验教训，讨论确定了中区恢复公开武装斗争的方针策略和部署，会议肯定了一年来坚持分散隐蔽斗争的成绩：第一，基本上达到保存力量、保存干部的基本要求。第二，在艰难困苦的环境中受到了锻炼，经受了考验。第三，加强了与群众的联系。

会议讨论和提出三方面发展武装斗争的部署：一是在建立根据地问题上，确定以“三罗云浮山脉周围的山区，作为中区发展武装斗争的重点地区”，为以后建立根据地准备基础。同时，着手布置武装小分队加紧朝这一方向发展。二是在拓军建军问题上，要求各区根据“发展一步，巩固一步”的原则，“按照具体的条件进行最大限度的发展”，“至低限度，在最近两个月内要有一倍的发展”。组建武工队是主要组织形式，但必须向建立主力方面努力，中区建立主力部队，各区要成立基干队作为各区骨干。各区主力部队两个月后要达到50人，各区基干队达到30人。三是大力拓展活动区，注意山区建设，也要注意平原的发展。以武工队形式恢复老活动区，开辟新活动区，并将他们联结起来，打成一片。会议还指出了活动、作战的方式方法，对发展群众运动、开展统战工作、土匪改造等方面提出了要求。

新高鹤基干队建立后，坚决执行区党委提出的“保卫群众利益，争取群众斗争的胜利，在群众斗争中取得武装斗争的胜利和发展”的斗争任务，以具体的军事行动，支持反“三征”、破仓分粮、“减租减息”等群众运动。1947年初，春荒严重，群众纷纷要求解决吃饭问题，要求开仓分粮。群众总结过去的教训，认为过去打国民党好办，容易搞，现在问题最大的是那些“地头蛇”，基干队分析研究认为意见很中肯。这些顽固反动的“地头蛇”，国民党一来扫荡，就成了国民党军队的耳目，为国民党军队带路进村，捉这个抓那个。如果除掉这些“地头蛇”，那么国民党就失去了耳目。当时，在合水最霸道的是国民党乡长、粮食征收处主任廖之滚，基干队决定先打掉这个“地头蛇”。行动当天，合水附近的群众，纷纷拿着刀枪棍棒、箩箩筐筐参加打击廖之滚。基干队干掉这个“地头蛇”后，打开合水粮仓分粮。这次行动后，群众便更加敢于起来斗争，他们用群众的名义，以人民护乡队或抗征队的名义，打击那些反动的“地头蛇”。

下半年每个月都有打“地头蛇”、开仓分粮行动。但一些偏离国民党粮仓的地方，群众仍无法解决饥荒的问题，因此，群众提出“打地主，抄他的家，分他的财”的建议。但党组织和基干队认为必须要考虑政策和策略的问题，对一般地主应该同国民党、反动“地头蛇”有区别，要讲策略，经研究提出不采用抄家的办法，而是采用向地主借粮度荒的办法，那些距离国民党粮仓远的地方，都采用这个办法，先由群众弄清那些地主的粮、枪等情况，再实行借粮度荒，借枪自卫。为顺应群众要求，经过周密调查，决定在1947年4月间的一个圩日晚上，夜袭合水，由于部署严密，各突击队共同协作，不到一小时，全歼区警所、粮田所守敌。当场击毙粮食征收处主任廖之滚。一夜之间将合水及附近的蛇塘、良村三个粮仓打开，发动群众将近20万斤粮食全部搬走，为惩办首恶，基干队还连夜派出武工人员到合水附近田村，逮捕并枪毙了常安乡乡长李忠晃。第二天贴出告示警告：一切反动派，如果继续与人民为敌，将得到廖之滚、李忠晃的下场。攻打合水一役，不但鼓舞了高明的群众，也是开展要南武装斗争的先声。要南各村的群众纷纷说："中国人民解放军回来了！"鳌头村的群众受到影响，纷纷要求开仓分粮，鳌头村的祖堂和地主富农存粮很多，但村里的当权人对借粮救荒诸多阻挠，尤其是地主伍瑞初、富农伍桂拔竟公开反对。鳌头党支部乘合水圩开仓分粮的东风，全力发动群众展开说理斗争。接着组织群众打开光远堂、世德堂的祖堂粮仓，取出十万斤粮食分配给缺粮断炊的群众，并将部分粮食支援基干队。正当群众运动如火如荼之际，高明县国民党当局为镇压合水人民，从县里增派一个县警中队进驻合水，坐催粮税。还召开各乡联防会议，加强防共。这就更激起合水人民的愤怒。同年10月的一个晚上，武装基干队，又出击驻合水的县警中队，由于基干队一开始就发动强攻，敌人摸不着头绪，仓皇弃城逃跑。二打合水再次获胜。敌人不甘心失败，又指使布练村极反动的大地主廖湘洲，组织一个自卫队和县警中队联合盘踞合水圩。廖湘洲还向他的上司发誓："要同'共匪'决战到底"。他们强迫群众交粮，强化保甲制度，到处搜捕游击队员。为长人民志气灭敌人威风，1948年春，新高鹤部队汇同郑锦波的部队，在合水各村民兵配合下，组织三打合水。激战数小时，守敌一个中队和自卫队全部缴械投降。缴获机枪两挺，长短枪等军用物资一批，大获全胜。使党的威信大大提高，为后来发展党、扩军、建政打下了基础。

二、开辟要南新区

1947年4月，自一打合水后，新高鹤人民抗征自卫队派遣的武工队广泛开展革命活动。在队长阮明的带领下与阮小林等化装成贩牛、收购木材的商人，以探亲访友的名义到要南的上迳和新兴的云林等村庄活动，为开展公开武装斗争作准备。同时派去八乡活动的朱养在大塘山结交了吴文进（又名陈坤）、吴才、吴新林，并在群众中进行革命宣传教育。在一次反扫荡中，吴文进为了弄清敌人的具体情况，被敌人捉住，送肇庆监狱，于1949年10月中旬被敌杀害。共产党员陈洁辉回到白土的马安村以小学教员身份作掩护，并在马安、合山村办夜校宣传革命，为下一步开展武装斗争准备力量。同年冬，香港党组织派古海生、林源、邓义庄、梁生等人到新高鹤地区工作。林源被上级党组织派到要南上迳阮明的武工队，任政治指导员，在要南这块土地上开展武装斗争活动。新高鹤武工队阮明、阮芳、阮小林等在要南上迳片活动，联系了一批复员在乡的抗日游击队员，同时结交了上迳姚六等一批进步群众。一次，阮明等武工队员在洞心村活动时亮出武器，公开了共产党武工队员身份，吓跑了国民党的催粮人员。之后，武工队公开发动群众借粮救荒，借枪自卫，打开了上迳片的局面，并先后动员了30多名青年农民参军，分批输送给基干队。在开仓分粮和反“三征”斗争中，缓和了饥荒，争取了群众，打击了国民党对农民的盘剥，削弱了反动统治。

1948年初，新高鹤人民武装斗争局面初步打开，武装队伍不断壮大，为广泛发动群众，新高鹤人民抗征自卫大队整编成三个小分队，即：自由队、平等队、博爱队，自由队为主力队，由梁文华指挥。

1948年2月，新高鹤人民抗征自卫大队分出两个班，配备机枪，加上在老香山参军的30多名新战士，在合水旺田头村成立博爱队（代号），队长黄步文，政治指导员郭权（后是周林），班组干部许盈、罗洪、黄四等。博爱队由李法率领，从合水布社村出发，开赴要明边界活动，汇合在要南活动的阮明等武工队，开辟要南新区。要南，是指高要南部，包括今之南岸、新桥、莲塘、白诸、活道、蛟塘、回龙、白土、大湾、金渡、蚬岗、金利等镇。从此，高要的武装斗争由秘密转为公开，斗争的规模日渐扩大。博爱队的成立是高要第一支武装建制的队伍，也是要明边区的基干队力量。它是按照党的建军原则，用毛泽东思想武装起来的，从建队开始就建立党支部，支部书记由黄步文兼任。博爱队的成立有力地支持开辟要南游击区到发展整个高要的革命斗争。博爱队先后向上迳进军，然后转向横江、八乡等地活动，同时，派出武工队穿插敌后向白土平原活动。

第二节　实施“饮马西江”战略

1948年夏，新高鹤区工委赋予要明边县工委对西江和新兴江两岸发展武装斗争，开辟革命根据地的重要任务。策略就是首先开辟新兴江两岸的游击新区，进而发展到西江两岸，控制西江这条重要交通线。

县工委根据区工委指示，为了早日实现“饮马西江”的战略，根据要南的形势，研究决定先“饮新兴江之水”，后“饮马西江”。饮新兴江之水的主要标志是建立水口税站。水口地处新兴江中游岸边，毗邻新兴、云浮，与腰古隔江相望，离新桥10余公里，是三县农产品的集散地。国民党在水口圩内设立高要县二区广华乡公所，驻有自卫队40多人，配备机枪，并设卡征收航运赁税。县工委采取武装斗争与统战工作双管齐下办法，先派武工队去活动，打好群众基础。到1948年7月，经武工队长期发动、组织，上迳片普遍建立了农会和民兵组织，并在此基础上，成立广华乡农联会，由姚六担任农联会会长。同时，建立几个民兵中队，共有200多名民兵。同年夏，县工委接到敌人前来扫荡的情报，在浲上村集合各村民兵200多人，举行大检阅，检验民兵的战斗素质，推选姚六为民兵大队长，指挥队伍趁着暮色浩浩荡荡向水口方向前进，迫近水口敌人据点，再分路散开。这次检阅大显声势，震动很大。邻近地区的群众纷纷传说：“昨天来了很多共产党游击队。”敌人闻讯，慌忙改变了扫荡计划。

8月中旬，为了实现“饮马西江”，县工委和团部研究决定，第一步首先要“攻打水口，消灭守敌，扫除障碍，建立税站”。16日，经武工队周密侦察，政委李法与副团长何江集结要明部队共100余人携带机枪，入夜从高要祖坑出发，去攻打水口敌人据点，凌晨抵达水口圩外围，蕉坑凤田村反动地主赵世仁不但公开反对“二五”减租，而且带引国民党军队围捕武工队。二、三区武工队在伍新、林源的率领下，联合行动在除夕夜发动群众拿着刀枪棍棒箩箩筐筐到蕉坑凤田村，赵世仁闻讯待在莲塘不敢回家过年，武工队打开赵世仁粮仓，把粮食分给群众，以示惩罚。蕉坑凤田村从此也成了武工队向西南乡活动的立足点。在农民运动发展中，从二区的上迳、八乡、横江至三区的南约乡，形成了要南游击老区，并在粉碎敌人“冬季清剿”的胜利中初步巩固。自1948年秋，“减租减息”全面开展，各地农会领导农民进行“双减”斗争和群众运动。这时，区党委和地工委多次发出通知一切权力归农会，凡是建立了健全农会的地方，由农会接替并行使国民党原各乡政事务，从而打下了共产党领导的高要县各级政权基础。

各分队按照战前部署分头行动。县工委书记、政委李法与副团长何江率领连长黄步文带机枪班占领后山作掩护，郭权带一个班向腰古方警戒，阮明带领手枪组循山路掩护杀到敌营后门，彭社带领另一手枪组穿过田野突击敌营前门。当阮明带领手枪组刚抵达敌营后门球场时，被敌人哨兵发现，阮明抢先开枪将哨兵击毙，彭社带领一组同时抵达敌营前百米处，听到后门枪响，立即冲到敌营门前的壕沟，敌人哨兵开枪，被彭社还击打伤缩回营内。另外两名手枪队员追上，敌人机枪手还未来得及穿外衣就狼狈地抱起机枪逃到门外，被武工队手枪组阮伟、彭义将机枪夺下，全组立即冲入敌营内。阮明组亦同时从后门冲入敌营内，敌人纷纷举械投降。统计战果：击毙、击伤敌人各1名，被俘敌官兵40余人；缴获机枪1挺，步枪30余支，手枪1支，子弹100多发；另外俘虏敌乡长苏启南、乡自卫队队长伍必寿等。副乡长刘锐昌与要明部队有联系，为了保留其在敌人内部，串演了名逃实放的小插曲。因伍必寿极其反动，经县委和团部批准后，就地执行枪决，乡长苏启南等经过教育后释放。这次战斗是要明部队又一次重大的胜利，向实现“饮马西江”的战略目标迈出了重要的一步。水口之战的胜利，拔除了水口敌人的据点，广华乡政权已由武工队控制了，为要明部队在新兴江向北“饮马西江”奠定基础。

同时，打通了要南地区与三罗地区友军的联系，使工作上互相呼应、互相配合，与云浮新兴游击区连成一片的局面。二区上逕武工队在执行“饮马西江”的战略任务中，已把活动区扩展到新兴江边，在水口一带流动征税，在消灭水口守敌后，即在圩内建立税站，而过往商船均自动靠岸完税。为保护广大工商户的利益，武工队命令禁止沿江土匪、恶霸以及反动自卫队勒收“行水”。水口税站的税率低于以前，而且征税后发回税单。平时税站日收税约2000港元，早晚禾造收成时日收税款高达5000港元[①]。该站为要明部队乃至新高鹤总队开拓了一个重要军需财源。

随着“饮马西江”战略部署的推进，第二步就是挺进烂柯山。1948年6月，中共要明边县工委决定派武工队指导员林源前往烂柯山考察当地情况。6月初，林源在南约乡花根坪村了解到洞口村的麦锐在烂柯山脚宋隆河畔的铁岗小学当教师，于是便设法接近他。在端午节前，林源到西南乡温贯村，找到朋友牛贩甘

---

① 当时圆币贬值，港元保值，故当时以港元结算。

成，并约甘成去烂柯山，林源装扮甘成的外甥，两人来到铁岗村找到麦锐。他们在铁岗小学住了一段时间，调查了解烂柯山周围的自然、经济、政治、军事等情况，为日后开辟烂柯山区和“饮马西江”做好充分的准备。

12月，团长叶琪听取林源关于烂柯山的情况汇报后，又亲自带领林甄等武工队员到金渡黄坑村拜访老朋友黄宽，进一步深入了解烂柯山一带情况。叶琪在黄宽的支持下，吸收了贫苦农民梁松、杜六和刘贤等人组成武工组，由林甄带领，在烂柯山一带开展武工活动。其中，高要敌谍报组长兼特务大队长李德（绰号“撞死马”），盘踞在烂柯山、蚬岗富佛一带。他与国民党上层紧密勾结，是雄踞一方的土匪，横行霸道，民愤极大，也是部队开辟烂柯山区和“饮马西江”的主要障碍。县工委和团部决定除掉“撞死马”李德，经研究将任务交给林甄带领的武工组执行。12月一天晚上，武工队侦察获悉李德正在蚬岗富佛村的一个赌窟赌博，林甄立即带领梁松、杜六赶去，梁松有意识地到李德旁边下注赌钱，当李德赌得高兴而毫不防备时，拔出手枪对准李德的胸部开枪，李德即时倒在地下，顿时赌场乱作一团。林甄听到枪声在场外高喊：“大队人马来了，不准乱动。”李德的两个马仔也被吓呆了，此时李德还想拔枪反抗，被梁松连开三枪，结束了这横行霸道的土匪头子的性命。林甄乘机向周围的群众宣布“李德罪恶滔天，共产党游击队为民除害”的政策。这次行动大快人心，极大地鼓舞了武工队员的斗志，令到三、五区的反动势力大为震惊，使我武装力量顺利挺进烂柯山，为后来实现“饮马西江”又清除了一大障碍。

第三节 配合南下大军堵截追歼逃敌

1949年8月初，为加强华南地区的领导，中共中央决定成立以叶剑英为第一书记的新的中共中央华南分局，并确定由人民解放军二野四兵团和四野十五兵团组成独立兵团，由叶剑英、陈赓统率，担负进军华南、解放广东的战略任务。有关领导成员在赣州召开会议并作出部署。9月28日，广东战役联合指挥部发出“广州外围作战命令”，决定以第二野战军四兵团为右路军，第四野战军十五兵团为左路军，两广纵队、粤赣湘边纵队和粤中纵队为南路军，同时并进实施解放广东的作战计划。10月1日，三路大军以雷霆万钧之势从粤、赣、湘向广东进发，左路军和两广纵队、粤赣湘边纵队直抵广州，解放广州城，右路军自粤北南下绕过广州，分成左、中、右三路进军粤中，在粤中纵队配合下歼灭粤中守敌，解放粤中后进军大西南。南路大军的粤中纵队，由于处在广州南部和西南部的敌后地区，没有直接进军广州，其主要任务是向西江两岸进迫，肃清西江沿岸的敌人及土匪，使大军占领广州后入桂作战时能够顺利逆江而上。

此时，国民党反动派为南逃台湾、海南岛，派出残敌“围剿”粤中纵队各部队，四出搜掠财物。1949年9月，国民党广东省保二师一个加强营（忠信大队）800余人，经要南窜犯高明更楼、小洞、大幕等地。粤中纵队第六支队主力闻讯后，即从鹤山回师高明，在司令员吴桐、副政委梁文华指挥下，集中六支独一营、十八团主力大鹏连和独七营以及更楼、合水、高要南约民兵连日以麻雀战术追逐扰围该敌，敌被迫龟缩更楼白石村。第六支队司令部下令围歼该敌，某日凌晨三时左右分四路合击，独一营之雄狮连、金狮连占领白石村后山，醒狮连主攻正面，要南主力大鹏连在指挥部左侧，四时发起进攻，由于敌人武器精良，几次强攻未克，支队司令部决定暂时撤离战场，敌也不敢久留白石，而绕道离开。此役毙敌数人，金狮连排长钟炳光牺牲。这次战斗，对粉碎敌人为南逃开路的“扫荡”计划，保护老区人民起到重大作用。

1949年9月29日，在高明白石村被击溃之敌逃回新兴后，又窜入活道上迳一带抢掠，在云林、严村、姚村等掳走群众100余人，耕牛数10头。中共高要工委委员、副县长陈普初，副团长何江率海燕连，于狮子牙截击，激战半小时，敌300余人被击败后往新兴江边逃去，群众和耕牛获救，此战以少胜多，受到支队司令部表扬。

10月初，粤中纵队获知从广州逃出之敌大部队正向阳江一带集结向雷州半岛和海南岛逃窜，于是解放军二野四兵团集中六个师的主要兵力。分左、中、右三路火速进入粤中。左路军从佛山经九江渡过西江与粤中司令员吴有恒独一团在鹤山金岗会师。随即经开平，直迫敌在粤中统治中心三阜；中路军经三水渡过西江，即向高明方向追歼逃敌，粤中纵队第六支队配合粤中独一团，中路军在鹤山宅梧靖村一带包围敌三十军九十一师，3000余人被迫投降。18日第六支队进至高明合水与中路军会师，即奉命接管肇庆；右路军于17日经三水直迫肇庆，18日进入肇庆城区，城内的守敌广东绥靖公署西江指挥所副指挥廖强率80余人投降。随后进城先头部队连夜横渡西江，追歼溃敌西江指挥所指挥叶肇所部。1949年10月中旬，十八团团部通知兼任海燕连连长阮明和海燕连副连长陈泽到老香山的大角山村开紧急会议。李法政委在会上讲述了当前的形势，说南下大军已经解放了广州，广州的敌人有一部分要经西江逃窜到广西，叶肇也必经新兴江的水路或陆路逃走，十八团的任务是要做好接收肇庆和新桥的准备工作。李政委命令海燕连截击西逃之敌，要不惜一切代价阻止敌人西逃，等候南下大军赶到将敌人歼灭。

阮、陈返回驻地后，立即向全连指战员传达了大角山会议的精神和上级交给的重大任务，并研究了战斗行动。决定由黎剑波带领一个排去攻打敌人的西炮楼：由陈泽和陈和带领一个排攻打敌人的东炮楼：林哲负责后方的一切工作；阮明则负责发动漨上、迳心、凰岗坪几个村的民兵分布把守水口后山。同时，以“中国人民解放军粤中纵队第六支队十八团海燕连”的名义写了一封给敌人的劝降信。信的内容大致是：我中国人民解放军已南下进入了广州城，现粤中纵队下令要拔除水口据点，并准备接收肇庆、新桥、江门等地，识时务者即缴械投降，否则我们坚决把这两座炮楼夷为平地。并在信上盖上粤中纵队第六支队的大印，派手枪组护送地下党员梁金送去水口乡公所。一切战前工作都准备就绪。

那天，天还未亮，海燕连战士吃过早饭就马不停蹄地奔赴水口，并按计划分头向敌人的东、西炮楼开展全面进攻。在战术上，部队的机枪在这边打一排子弹，又转移到另一边打一排弹，两边来来往往，使敌人听起来像有好几挺机枪在开火。瞬间，敌人的两座炮楼被包围，海燕连一面以猛烈的火力震慑敌人，一面以政治攻势劝敌人不要助纣为虐，要缴械投降。敌人见我军声势浩大，自知大势已去，便从炮楼举出白旗表示投降。这次战斗结束后，清点战利品，计有步枪70多支，手枪2支，子弹1000余发，手榴弹几十枚。投降的80多人，问明其原籍，按路途远近分别发给不同的遣散费。

处理好战后事宜之后，海燕连即据守山头，严密封锁各个路口，配合南下大军截击西逃的国民党残部。第二天正如上级所料，敌人果然分两路向西逃窜，一路经白诸由陆路逃跑，一路押运大批物资由河洞经水路败走。由于海燕连处处设卡截击，因而牵制了敌人，结果南下大军及时赶到，在腰古上游歼灭了一部分西逃敌人，在水口下游截获了敌人大批财物，其中有六艘船载满龙银（图案有龙的银币）。海燕连胜利完成了截击敌人的任务后，即又奉命开赴新桥。当二野四兵团撤离粤中挥师入西南时，兵团首长先后发了两封贺信，一封是二野四兵团首长陈赓、郭天民、胡荣贵诸位首长致电粤中纵队指战员，盛赞粤中军民全力支援前线，表现出浓情厚意，充满手足情谊。许多南下的同志说，渡江以来，这里支前工作真令人满意。另一封是参加阳江围歼战役首长在撤离粤中时，致信粤中纵队全体指战员，称赞说，由于你们“直接有力的配合，才使得我们顺利地完成了上级所给予歼敌的任务。没有你们的帮助，就没有这样大的胜利”。

第四节 活跃在高要的地下交通网

抗日战争胜利后，以蒋介石为首的国民党统治集团要篡夺人民抗战的胜利果实，加紧策划内战。中国共产党抓住抗战胜利后有利于中国人民的国内外形势，为实现全国的和平民主，停止内战，争取中国走向光明的前途，及时组织和领导人民同国民党统治集团展开斗争，这就是伟大的中国人民的解放战争。随着斗争形势的发展，党内的交通情报工作便迅速发展起来，交通情报站星罗棋布于高要境内。

一、肇庆地下交通站

1948年8月，中共中央香港分局派黄永强回肇庆筹建该站，黄回肇后，在苏豪的协助下积极开展建站工作，10月建成并开展活动，黄永强任站长，成员有苏豪、赵才、伍南、邓向民（1949年调来）等人。这个站开始设在蟹栏街19号，后来转移到东社乡小学（即原佛圣庙）。黄永强祖屋蟹栏街9号也曾是一个联络点。

该站是中国人民解放军粤中纵队第六支队派出的一个工作机构，在中共高要县工委和六支要南部队（后称十八团）的领导下进行工作。其主要任务是配合“要南”武装斗争，协同南下大军解放县城肇庆。这个交通情报站曾多次为部队提供重要情报，给予敌人以有力的打击。此外，还为部队筹集衣物、药品等军需物资；安全护送党的工作人员过往肇庆；把一批批进步青年输送到游击区，使“要南”武装部队得以发展壮大，为解放肇庆积蓄了力量。

二、禄步地下交通站

禄步地下交通站组建于1945年8月，因站址设在禄步镇冲口村陈乃忠的家里，故又称禄步冲口交通站。这个站是西江人民抗日义勇队（德怀抗暴义勇总队和绥贺支队的前身）负责的，广宁中心县委组织部长欧新根据党委决定，派陈乃忠回禄步秘密建立的。1949年秋，德怀抗暴义勇总队改称中国人民解放军粤桂湘边纵队绥贺支队，交通站工作由绥贺支队党委直接领导。该站的负责人是陈乃忠（又名陈君侠、陈金泉）。李国侯（禄步乡长）协助陈乃忠工作。交通员有梁顺宜、陈永琪、陈北海、刘亚咩、区宇信等。

冲口地处大冲河流入西江河的交汇处，是西江北岸的广宁、德庆、怀集游击区通往外地较为理想的交通点。因而这个站的主要任务就是协助广宁、德庆、怀集游击区与外地人员往来的交通，搜集传递敌人活动情报，为游击区筹集活动经费，向游击区输送军需物资、传递报刊等项工作。该站有一只小艇，日间是大冲河两岸的横水渡，夜间便成了为革命事业服役的交通工具。这个交通站为掩护和接送革命群众曾作出了重大的贡献。

三、江仰交通总站

为适应武装斗争和群众运动的大发展，健全原有各部队、武工队创立的交通站点。1948年7月，中共要明工委和团部决定，在二区江仰村建立交通总站，派湖南连政治服务员（后称指导员）周林任站长，陆英（女）任副站长，该站地处新高鹤地区北线前沿，主要收集高要、云浮、新兴、高明等方面情报，又负责联系二、三区各情报站的情报，上送要明工委和新高鹤总队，接送来往人员、公文、信件、包裹，经常印发总队、县工委的布告和各种宣传品；还向各地敌军政头目发出函件，宣传形势、政策，敦促弃暗投明。

四、鳌头交通站

鳌头交通站始建于抗日战争时期的1944年10月，站长伍子高。成员有伍鉴衡、伍新、赵英、伍栋材等人，站址设在该村的同丰米店，负责为第三游击大队收集、传递情报，接送来往人员，护理伤病的游击队员。解放战争时期，主要协助总站收集各方情报，宣传共产党方针、政策、散发传单、张贴广告。

五、上迳交通站

这个站建在老香山北山脚西端高要、高明两县交界的枣坑村，站长是陈德良，交通员有谭亚威和一名十三四岁的小交通员。该站的主要任务是监视高要、高明、新兴三县交界地区敌人的活动情况，并与鳌头交通站和高明县石岩底交通站保持密切联络。

六、横冈仔交通站

这是为了监视新兴江和新桥方向的敌人活动情况而建立的交通联络站，建于1947年冬，周林、吴新林先后任站长。敌人每次从肇庆、新桥方面向游击区进犯时，这个站都要经受严峻的考验。

七、水湖交通站

水湖交通站建在横冈仔交通站之东，距离横冈仔十多里路，在大科山和牛围山的环抱之中，其任务是监视驻在莲塘的、以军统特务廖强为司令的西江“剿共”指挥部的活动情况。站长是陈坤，1949年9月，在敌人的疯狂“扫荡”中被捕，为革命事业光荣牺牲。

八、花根坪交通站

花根坪（今属蛟塘镇）交通站建于1948年，后武工队又加强了对这个站的建设。站长是李坤，交通员有李金生、李连友、黄池、李世苟、李北水。

随着斗争形势的变化，1949年初，交通站建设由花根坪向白土平原发展，党组织派林耕尧等回白土马安村，恢复抗日时期建立的被迫停止活动三年多的马安交通联络站，并在白土圩建立联络点，这个联络点设在泰安米店内。还恢复了羚羊峡侧烂柯山上的虎坑秘密联络点。在解放战争的新形势下，武工队以此为据点向砚岗、金利等西江沿岸地区活动，并于1949年8月从虎坑渡过西江插入北岭山，虎坑联络点的联络员是虎坑的贫苦农民陆亚荣。另外，在高要、高明交界处沙帽头村也建立了交通站，以监视高明县明城（明城即为当时高明县县城）敌人的活动情况，站长是冼任，交通员有谭清兰、谭少兰。又在马安站与沙帽头站之间建立龙剑交通站，以加强信息的传递，站长是钟容桂。1948年至1949年间，武工队还在大田朗、白土、沙头、思福、合山、南村、黄坑、平布、罗容、马岭等村建立了一批交通站和联络点。

解放战争时期共产党在高要境内（含今端州、鼎湖两区）设立的地下交通站星罗棋布，从老香山到西江边，从要南到要北，建立了经得起革命斗争考验的交通站约有30处之多，构成了较为密集的地下交通情报网络。有些交通站，如白土马安、活道鳌头等交通站还经历了抗日战争、解放战争两个革命阶段。高要境内交通站的建设，从1939年初在白土马安村建立第一个交通联络站开始，到1949年10月高要全境解放，长达11年之久，为高要的革命斗争和人民的解放事业作出了贡献。

第五节 成立高要县人民政府

1949年5月25日，高要县人民政府在高要南部游击根据地鳌头村成立，这是中国共产党领导下的军事政权性质的人民政府。

高要县人民政府是在党中央、毛主席领导的人民解放战争取得决定性胜利的时刻诞生的。1949年1月，根据形势发展的需要，中共中央华南分局派陈普初回到其家乡高要负责政权建设工作，在中共新高鹤地工委和高要县工委的领导下，在要南部队的大力配合下，积极开展成立人民政府的各项筹备工作。在努力巩固要南老区，积极发展扩大新区的同时，认真做好成立人民政府的各项准备工作，包括购买枪支弹药，筹集粮款物资等。同时，还安排武工组黄崧贤到鳌头村立本堂刻制高要县人民政府的印章，安排伍甫、伍汝芳等到江仰村交通情报总站油印高要县人民政府成立的公告。经过四个多月艰苦的准备工作，成立县人民政府的各项工作筹备就绪，于同年5月25日，在二区的鳌头村立本堂召开高要县人民政府成立大会。参加大会的干部有高鹤总队政治处副主任、要南部队政委、中共高要县工委书记李法，高要县工委副书记吴耀明，县工委委员、要南部队团长叶琪，副团长何江，江南大队大队长伍鉴衡，副大队长阮明，政治教导员、二区工委书记伍新，副书记莫雄，江南大队副政治教导员兼参谋长郭权，三区工委书记林源。还有部队政治指导员刘汉、周林、徐清风、黎团，连长黄步文，中队长林榆，副中队长陈泽、姚六、伍

高要县工委书记李法（中）、县长冯光（右），副县长陈普初（左）合影

庚年，群工组组长曹慕涛等20多人。李法代表新高鹤地工委在干部大会上郑重宣布高要县人民政府成立，任命新高鹤地工委委员冯光为高要县人民政府县长、高要县工委委员陈普初为副县长、伍子高为秘书。县人民政府的诞生，标志着高要县人民拥有了自己的政权。其任务是发动群众反“三征”，组织建立各种群众团体，动员群众参军参战，筹集粮款物资，解决部队补给等。

当天晚上，在鳌头村同丰晒谷场举行军民联欢晚会，热烈庆祝人民政府成立。参加晚会的有粤中人民解放军独立一团、新高鹤总队独立一营、要南部队、高要县江南大队（二区大队）、三区中队、武工队及人民群众共3000多人。解放军文工团在晚会上表演了精彩的文艺节目。

县政府成立后，派伍淑姬（女）等人把高要县人民政府成立的公告带到肇庆交通情报站，在肇庆城区张贴和散发。当时高要县城肇庆镇一夜之间，各街道都贴有县人民政府成立的公告，第二天一早则全城轰动；派武工组朱养、陈非、陈益初、赖昌等到肇庆厂排、新桥、金利、白土、蚬岗等地散发和张贴公告，县人民政府成立的消息很快就传遍了全县各地。人民群众群情激奋，高兴非常。肇庆国民党政府异常震惊，胆战心惊，国民党县长见此情况，急令警察把公告撕掉，但是公告都是用鸡蛋白作糨糊张贴的，撕不掉，只好把贴有公告的牌子搬走或砸烂，贴在墙上无法抹去的则用乌烟覆盖，搞得十分狼狈。

县人民政府成立不久，二区、三区人民政府于同年6月相继成立。二区人民政府是在老香山脚下的横江圩大沙洲召开成立大会。中共高要县二区工委书记伍新兼任区长。三区人民政府在洞口村前的草坪上搭彩棚召开成立大会，三区工委书记林源兼任区长，麦奋平为协理员（又称为区员）。

县区两级人民政权建立之后，在根据地的村政权也像雨后春笋般建立起来，很快就有45个村庄成立了村人民政府。各村在党的领导下，农会、民兵、妇女、儿童等组织也相继建立起来了，各村在民主协商的基础上推选出立场坚定、办事公正的贫雇农或下中农当村长。

坚决维护人民政权。在县、区、村人民政府成立不久，为了保护人民的利益，使基本群众得到实惠，坚决贯彻党在游击区的中心政策（即实行减租减息、合理负担的政策）。在贯彻这个政策过程中，那些地主分子当然是不甘心的，但无奈农民有了政权，有了武装，都不敢抵抗，只好接受新的政策。但也有少数反动地主与反动武装相互勾结，妄图用暴力手段来镇压革命，扼杀新生的人民政权。正当减租减息、征收公粮的工作开展得如火如荼的时候，国民党反动派不甘心他们的失败，一方面加紧对解放区进行“扫荡”，一方面又不断地派出特务分子潜入解放区，收集解放军情报。1949年6月，解放军在高明合水布练村捕获一名以卖红头丝线作掩护、收集军政情报并伺机行刺解放军要南工委党政领导人的特务分子黎万祥，经查明属实，为保卫新生红色政权，于7月20日在合水圩纱帽岗将该犯公开枪决。给敌人予以坚决的打击，取得了反“扫荡”的胜利。

开展借粮度荒运动。县人民政府成立之时，正值青黄不接季节，部分农民已无粮断炊。党组织和人民政府则发动群众，开展“借粮度荒”运动，动员有余粮的农户把粮食借出来，帮助有困难的农民群众度过春荒，此举深受广大农民群众的拥护。

救灾解困。1949年9月，即高要全县将要解放的前夕，西江洪水暴涨，高要遭到特大洪水的袭击，全县十多条主要堤围决堤，70多万亩农田中有50多万亩被淹，其中最严重的是丰乐围崩决所造成的灾情，近20万亩农田被淹没。莲塘荷村灾情最重，受灾的农民处于极度困难之中。人民政府关心人民的疾苦，针对严重的灾情，县工委、县人民政府指示各区委、区人民政府要关心群众生活，积极发动和组织受灾群众进行生产救灾工作。二区还派武工队员黎斌、梁行等十多人带着300担大米，1000元现金及一大批物资，到莲塘重灾区荷村救济灾民，农民群众对共产党、人民政府雪中送炭非常感动。

支援大军南下。发动群众做好支前工作，迎接大军南下作战，解放全中国，这是县人民政府的一项极其重要的工作。县工委、县人民政府遵照上级党委的指示，于9月下旬成立了高要县支前司令部，十八团团长叶琪、副县长陈普初先后任支前司令部司令员，县工委书记、十八团政委李法任政委，具体部署和领导全县的支前工作。在动员青年群众参军参战，筹集粮款物资，保障部队供给，全力支援南下大军，为解放全高要，解放全中国做了大量卓有成效的工作。

1949年9月，活道八乡武工队朱养、周林等在活道槎头村河边收税时，在一条船上活捉敌西江“清剿”指挥部第一总队第一大队长汤吉炎等三人，将其解返团部。汤吉炎见国民党大势已去，经教育后，愿立功赎罪，写亲笔信劝谕所部起义。十八团派出陈立民、程同、梁长持信赴云浮腰古该部驻地，面见汤吉炎侄子汤国珍（该部一中队长），商妥一、二中队起义，陈回到团部

解放军经镇南街进入县城肇庆镇

肇庆军管会旧址（现已改建为肇庆第十五小学教师宿舍）

汇报后，按原拟日期，第二次奔赴腰古对岸接应，团部派出飞鹰、海燕两个连前去，因临时情况变化，只得汤国珍率第一中队109人携12.7毫米大口径重机枪一挺，长短枪和弹药一批起义，起义部队在十八团的掩护下安全来到解放区，县工委和团部为此举行祝捷大会，解放区群众宰猪、杀鸭慰劳解放军官兵和起义部队。起义部队编入十八团命名新生连，队长汤吉炎，副队长汤国珍。

1949年10月18日高要解放。20日，县人民政府随解放军迁入县城肇庆。进城后即成立肇庆区军管会，统一领导全县党政军民的各项工作。高要县人民政府自5月诞生到10月的半年时间，为高要人民的政权建设，为高要人民排难解困，为分化瓦解敌政权，为支援野战军南下作战等作出了重大的贡献。

第六节 接管肇庆

1949年8月，中共粤中临时区党委会接到中共中央华南分局下达接管肇庆的命令。经过区党委会研究，决定将接管肇庆的任务直接交给粤中纵队第六支队执行，指定以六支司令员吴桐为主任、副政委梁文华为副主任、政治委员周天行为政委，组成肇庆军管会；并拟定以周天行为书记的中共肇庆区党委会的组成人员名单，报请中共中央华南分局审批。经分局正式批准，转达中共新高鹤地委，由六支执行。

根据中共中央华南分局和粤中区党委的指示精神，中共新高

中国人民解放军粤中纵队第六支队领导成员。左起：杨德元、吴桐、周天行、李牧、梁文华

鹤地委、六支司令部便具体部署中共高要县工委、十八团做好有关准备工作。县工委书记、十八团政委李法主持县工委会议，作出两项决定：

一是在进一步扩大、巩固游击区的基础上，加强高要县南部二、三区的军事活动；同时，组织一支精干的武工组挺进西江北岸，开展北岭山区的游击活动，从背后威胁国民党的西江统治中心肇庆镇。

二是召集驻肇庆交通情报站站长黄永强回县工委汇报、研究，按照上级指示精神，布置该站抓紧在接管肇庆前认真做好三项工作：第一是依靠工人阶级、革命师生，以肇中、要中（即今市一中）、市一小为主，组织护厂、护校，重点保护好电厂、银行、电话所等一些要害部门。同时，运用各种形式开展政治攻势，对国民党的党政军人员展开"纸弹"（信函劝降）攻势，令其弃暗投明，立功赎罪；第二是认真组织好迎接南下大军进城工作，以及配合好六支进城和平接管的工作。要进一步扩大、巩固统一战线，做好开明的上层人物的工作，以商会为基础组织筹委会，负责迎接大军进城和六支接管的各项工作；第三是驻肇交通情报站要密切注视、掌握敌特动向，特别是廖强及其控制的洪门会的动态，防止破坏，保证顺利接管。

1949年8月下旬，武工组三人，夜渡峡口，深入九坑河。9月上旬，十八团粉碎了敌人对高要南部游击区的两路进犯后，即以高要支前司令部的名义向国民党的党政军首领发出劝降书，促其弃暗投明，立功赎罪。接着于10月12日，高要县人民政府发出《告国民党高要各级党政军人员书》，由驻肇工作组通过高要邮局的内线寄发到国民党县政府及全县五个区45个乡公所去，责令他们安于职守，保存好档案、粮、钱、物，准备移交给人民政府。同时，驻肇工作组油印传单，发动积极分子上街张贴，在公共场所散发，宣传革命形势和党的政策，使全城震动，人人皆知。有的说“昨晚许多‘老八’（指共产党）进城了”；有的说“看来快天光啦”！由于运用各种形式对各种人员展开了政治宣传攻势，为解放军和平接管肇庆起着积极的作用。

一、和平进军，顺利接管

人民解放军野战部队以摧枯拉朽之势进军南粤，1949年10月14日解放广州，10月18日解放军二野四兵团十四军四十师一二五团沿广海北线公路直抵肇庆城，敌西江指挥部300余人投诚。10月19日，六支政委周天行、司令员吴桐率领司令部直属独一营和十八团、高要县人民政府等共800多人集中在三区白土镇。当晚，周政委通过电话与驻肇工作组黄永强联络，通知解放军800多人定于明天（即1949年10月20日）下午一时从金渡沙头渡口进城接管，为便于安排船只，决定分两路进军：一路乘大拖渡直到市区风炉街（即朝圣路）码头上岸；另一路由沙头渡口搭大木船过江到二塔上岸进城。下午二时许，队伍顺利抵达风炉街码头和镇南路口，然后列队举行入城仪式，受到肇庆城区人民的热烈欢迎，队伍进入军管会（原县府）接管肇庆及高要县政权；与此同时，中共高要县工委书记李法率领部队接管政法机构，由十八团团长叶琪率领公安连及公安人员接管警察局，并立即部署维护市区治安工作。进城两三天，便全部接管了国民党在肇庆的各种机构（包括专署一级）。各机构的旧人员愿意留下的留用；专区医院则派军代表进驻；航运站派代表接管；还派出工作组进驻银行、电厂、电话所等部门。接管后，各机构运作正常。

10月25日，由粤桂湘边纵队司令员兼政委梁嘉率领的部队也进驻肇庆，在接管工作上，加强领导，充实力量，密切配合。

高要县各区、乡的接管，分三种情况进行：一是革命老区的二、三区均于1949年10月19日接管。二区由区委书记、区长伍新率领周林、伍缢衡等区干部及区中队进入新桥接管。三区由区委书记、区长林源率领梁景光、黎团等区干部及区中队进入白土接管；二是游击区的五区，由军管会派陈非为军代表会同原在蚬岗、富佛一带活动的林甄、张其川武工组接管；三是新区的一、四区，由军管会派人接管。派甄杰为区长率领郭权、黎斌等十多位干部及一个排接管四区。派杨希明为副区长及宋业安等十多位

解放军在二塔码头登岸旧址

解放军进城时途径二塔路

当年高要县人民政府机关人员于风炉街码头登岸进城，图是风炉街（朝圣路）

1949年10月20日中共高要工委、高要县人民政府和十八团官随中国人民解放军粤中纵队第六支队800多人从白土到金渡，分成两路，一路乘船在风炉街（朝圣路）登陆，另一路乘船经二塔登陆。在镇南路口和朝圣路口集中，然后分成三路纵队举行入城仪式，受到肇庆城区人民夹道欢迎。图为部队在正东路进城盛况

干部接管一区。各乡公所维持原状，由各区派出政治指导员驻乡主持工作。

二、顺利开展工作

肇庆曾是敌人在西江的统治中心，情况复杂。解放军进驻肇庆的干部和部队有近200人，其中大军一个团部率一个营、军管会两个营，装备较好，战斗力较强，能稳住局势。军管会和区党委在周天行的主持下，按照党的七届二中全会决议和中共中央华南分局9月指示精神，针对高要发生的特大洪水灾害，明确提出以“支前剿匪、复堤生产”为工作总方针。也是作为“六支”进城接管的初期工作方针、任务。在大力做好支前工作和突出抓紧肃清残匪、建立革命秩序的同时，坚持以恢复生产为中心，修堤、复堤，调动群众的积极性，安定民心，以便更好地完成支前、剿匪任务。

大力做好支前工作。肇庆是二野四兵团十四军追歼残敌和四野十五兵团路经肇庆上广西一带布防的交汇点，因此，支前工作繁忙而紧迫。那时，政府手上无粮无钱，军管会决定：派李尧、陈洪等建立支前供应站，担负支前重担。由副县长陈普初召开工

商联合会正、副会长、各行业分会理事长的会议，请他们筹粮筹钱。面对着熟悉的面孔，语言容易沟通，故只经过30多分钟的动员说服，便较好地解决了近期急需支前和驻肇部队供给的钱和粮问题。同时，又加强督促各区（特别是老区）抓紧上调支前的钱、粮。接管后第四天，二、三区的老区农会干部便带领两三百群众连续两天送粮进城。接着，在李尧的具体组织筹划下，带领陈洪等同志开展了征税工作。

配合南下解放军，建立革命秩序。解放初期，肇庆的治安问题是严峻的，敌特造谣什么“要实行共产共妻”啦、“三个月反攻”啦，弄得人心惶惶。潜伏的各种敌人蠢蠢欲动，煽动群众反对共产党，声言要暗杀党政领导人。甚至深夜在城基向县府的哨所打黑枪。另一晚又袭击解放军靠近公路头（今牌坊广场十字路口）的哨所，后被解放军击退。其时解放军已牢牢控制住局势，由大军一个营扼守城西，六支的两个营驻守北面和东面，两个公安连维持市区治安及警戒西江河面，若敌人轻举妄动，必遭沉重打击。

为了更好安定民心，稳定局势，军管会认真注意执行党的统战政策，区别对待。

敌西江水陆“清剿”指挥官廖强所属280多人，在大军进城时虽然愿意放下武器，向大军交出一部分枪支，但却将主要武器隐藏、分散。大军进城第四天（1949年10月23日），军管会主任吴桐、政委周天行和粤桂湘边纵队副参谋长林锋在军管会同廖强进行谈判，要他“三交”（交名册、人员、枪械），接受改编，廖强诸多推搪，拒不接受。谈判到第三天上午，陷入僵局。于是，周政委、吴主任指示副县长陈普初趁下午休会的机会，利用与廖强曾经相识，也是本地人的关系，去找廖强聊天，缓和一下气氛，让他回到谈判席上。下午，廖强终于同意接受“三交”与改编，于翌日再度参加谈判，才达成协议，即日执行。

对于曾任或卸任不久的敌县、团以上军政人员。如陈斗宿等，只要不反对共产党，并且积极参与筹组迎接大军和六支进城接管的，即给予鼓励，以礼相待。对于坚持敌对态度，暗中策划、煽动暴乱的大恶霸，如曾任高要县县长的覃元超等，则坚决打击。在解放军进城接管后第七（或第八）天的晚上深夜，覃元超在他老家河旁村前正集中他的一个中队，约七十多人，还有机枪三挺，准备拉队上北岭山打游击时，被解放军一个连从景福围二塔处冲上去阻击，另一个连从公路堵截，一网打尽，覃和他的中队长当场被俘虏，中队的其他人员经过教育后大部分释放。1950年“镇反”时，覃元超被枪毙。

加强形势、政策教育，做好工人、学生工作。军管会文教委员会负责工运和文教卫系统工作，高要县县长冯光为主任。进城接管当日，他便布置负责工会工作的蔡振兴、余绪明等抓紧以肇明电力厂、兴民火柴厂为重点，在工人队伍中开展形势教育和阶级教育，提高政治觉悟，培养积极分子带头搞好生产，揭露和反击敌人的造谣破坏。而在其他一些行业的工人中，开展形势、政策教育，就显得更为迫切。如在搬运工人队伍中，混进一些洪门会分子，他们暗中对工人造谣恐吓，煽动工人对抗军管会，阻挠工人接近军管会的同志，使许多工人见到干部就敬而远之。针对这种情况，政府加强形势教育，揭穿敌人造谣恐吓的阴谋，帮助工人消除“三个月反攻”谣言的顾虑，讲清政策，挫败了敌人的破坏阴谋。

在学校方面，接管当天晚上，冯光与方向平召开了市区六所中学的校长会议，讲形势、讲政策，勉励他们在军管会的领导下，勤教勤学。接管后的第三天晚上，又在海星中学举行六所中学的联欢晚会。同时，确定以肇中为重点，由军管会派出工作组进驻，配合学校做好宣传，扩大积极分子队伍，壮大骨干力量，彻底粉碎个别教师煽动罢课的阴谋，稳定了肇中局势，推动了肇庆学校教育工作的顺利开展。

复堤生产，安定人心，稳定局势。根据“支前剿匪，复堤生产”的工作总方针，军管会明确把复堤、修堤摆上重要议事日程。进城后第6天，及时召开全县的复堤、修堤会议，政委周天行亲自主持，各区区长、各主要堤围的董事长到会，还请来曾任高要县县长伍琚华（高要人）和原高要县的水利工程师涂国煦两位参加，与会人员一致表示这是全县人民的迫切愿望，必须力争在春耕前抢修好堤围，保证不误农时。会后，军管会派副县长陈普初到第一线指挥，发动军民上堤，迅速掀起复堤、修堤的群众运动热潮。修堤、复堤、恢复生产，军民团结战斗，人心安定，局势稳定，标志着新生红色政权如旭日东升、生气勃勃。

1949年10月20日中共高要工委、高要县人民政府和十八团官兵随中国人民解放军粤中纵队第六支队接管肇庆。进城后，即成立中国人民解放军肇庆军事管制委员会，主任吴桐、副主任梁文华。中国人民解放军粤中纵队第六支队第七八团指战员和高要县人民政府干部，在军管会的领导下，顺利进行对县城肇庆镇和各区的接管工作。

肇庆解放了，高要解放了。

第五章

建设发展

第一节 经济恢复时期（1949—1957）

一、清匪反霸，镇压反革命

新中国成立后，1950年2月，高要县人民政府根据中共中央和华南分局的指示，在全国范围内开展“二五”减息，退租退押和清匪反霸、收缴黑枪的群众运动，对那些坚持反动立场，以我为敌的地方恶霸分子、反革命分子予以坚决打击，巩固人民政权。

新中国成立初期，高要境内仍有几股残余反动势力作祟，一股是土匪，仍很猖獗，扰乱社会治安；一股是受地方、官僚操纵的地方反动团队；一股是国民党军统、中统特务组织在肇庆设立的情报站（组）和国民党临撤时有计划地潜伏下来的一批武装残余势力。例如，肇庆解放前夕，叶肇亲自率领“广州绥靖公署西江指挥所”残部1000多人渡过西江逃到云浮、阳春交界的云雾山建立“根据地”。叶肇临撤时亲自召集西江各县反动头目秘密成立“粤桂边区民众反共救国军”，伺机进行各种破坏。在高要一带，特别是在山区，土匪活动猖獗，他们划分地盘，在水陆两路设卡拦路抢劫，解放军不得不派部队给予镇压，保护群众安全。又如，原国民党高要县县长覃元超，不甘失败，仍与我为敌，最后被一网打尽，11月初，解除了盘踞在白土冷坑村的恶霸地主邓桂崇的反动武装。紧接，在河台、乐城、水南、禄步等地围歼以陆轰为首的10股土匪武装，活捉匪首45人，解除了3000多名土匪武装。至此，高要境内的国民党残余部队和土匪被全部清剿。

在清匪反霸的同时，还先后破获了在高要的国民党“国防部广东突击军第二纵队西江指挥部”“粤桂边区民众反共救国军”“忠义救国军”等反革命组织和特务组织，摧毁12个地下军组织，活捉反共组织头目55人，缉捕了一批特务分子，暗藏在天主教内的特务分子也相继被缉捕归案。

为稳定社会秩序，发展经济，高要县政府遵照中共中央《关于惩治反革命条例》，于1950年，先后处决了一批在押的不杀不足以平民愤的土匪、特务、反革命分子和恶霸分子523人，还逮捕了450人，管制起来1072人。

1952年，县政府又根据中央的指示，彻底取缔“一贯道”“同善会”“先天大道”“归根道”等反动会道门组织。“同善社”在1924年传入高要，社员发展到1300多人；“一贯道”于1948年在高要的新桥、南岸、大湾、回龙、金渡等地设立佛堂，“先天大道”除在肇庆设佛堂外，还在乐城、金鸡坑、莲塘村、白土幕村、大路头等设佛堂，以此麻痹群众，并利用各种手段搞破坏活动，围攻区政府，奸污妇女，无恶不作。对于这些反动组织，依据中央指示，全部予以取缔，并将其为首者缉捕归案，并处决了罪大恶极的为首分子7人，逮捕了中、小道首7人，经教育退道的1324人。

经过清匪反霸、镇压反革命、肃反和取缔反动会道门运动，彻底粉碎了国民党的各种破坏，巩固了新政权，提高了广大人民群众的阶级觉悟，保卫了人民，促进了生产发展，也为以后的土地改革和合作化运动打下了良好的思想基础和组织基础。

二、土地改革运动

1949年新中国成立前，高要是国民党的“模范县”，掌握了大量土地的地主，对无地或少地的农民进行各种形式的剥削，主要手段是地租剥削、高利贷剥削及雇工剥削等。

新中国成立后，土地改革成为共产党进入农村必须要走的一步。1950年10月15日，中共西江地委决定在高要一区的禄镇、禄洞（今分属禄步、小湘镇）、中端（今乐城镇）、平南（即水南镇）、西康（今河台镇）的15个乡、352个自然村开展土地改革试点。这些地区是广东省农民革命运动开展最早的地区之一，在斗争中培养和造就了一批革命干部和积极分子；同时，该地区的地主、工商业主、小土地出租者、自由职业者、小商贩、工人和农民等阶级、阶层的分布具有代表性，可以为土地改革工作提供经验。地委书记梁嘉和大部分地委负责人亲自抓点，所属的各县县委书记、县长都集中到高要一区参加土改试点工作。1951年6月，试点工作结束。

1951年2月，高要土地改革委员会成立，由35人组成，县委副书记梁巨墀为主任。4月上旬，全县铺开土地改革运动。全县组成11支工作队，1090人，同时组织试点翻身农民编成“帮翻队”，然后分赴各区乡参加土改工作。运动按“依靠贫雇农，团结中农，中立富农，消灭地主阶级”的政策，分四步进行。第一步，深入宣传发动。主要是宣传土地改革的目的是废除地主阶级封建剥削的土地制度，实行农民的土地所有制。宣传土地改革的总路线和总政策，消灭封建剥削制度，发展农业生产。号召广大贫下中农投身土改运动，彻底消灭地主阶级，农民自己当家做主人。第二步，访贫问苦，扎根串连，组织阶级阶段，开展对地主阶级的斗争。一是要访问雇农、贫农，这是依靠的中坚力量；二是要实行“三同”，与群众同住、同食、同劳动，扎根群众中。第三步，划分阶级成分，按土改政策定为雇农（无产者）、贫农、中农、富农、地主、城镇小资产者、工人贫民、工商业者、工商业资本家、工商业兼地主。第四步根据《土改法》规定，没收地主全部土地、耕畜、农具和多余的粮食、房屋及财物。对富农出租的土地也全部没收。在分配土地时，采取“原耕不变，填平补齐”的办法，即原来农民租耕地主、富农、公偿的土地不变，不足部分补足。一、二类用地要搭配好。运动至1953年2月结束，共批斗地主、恶霸及不法分子2627人，依法没收多余的土地35.64万亩，耕牛6058头，农具13.85万件，房屋36850间，粮食523.8万斤及衣物一批，全部分给贫苦农民。

全县在运动中建立了176个乡政府和乡农民协会，培养和造就了一大批村干部，其中吸收为区干部的129人，吸收为乡干部的2865人，成为村骨干分子的6356人。

1952年8月，高要县土地改革运动全面胜利结束，广大贫下中农在政治上、经济上翻了身，实现了耕者有其田。从此，农民的生产积极性空前高涨，农业生产力大幅提高，农村经济得到迅速发展。

翻身农民把歌唱：“感谢救星共产党，农民翻身笑哈哈，农民翻身笑——哈——哈。”党在广大的农村也深深地扎下了根。

老区人民发扬革命传统和艰苦斗争精神，给力土地改革，为高要土地改革胜利完成作出了贡献，功不可没！

三、手工业、私营工商业社会主义改造

1953年春，高要县对手工业进行社会主义改造，对一般手工业者，从供销入手，通过供应原料，收购成品，组织生产合作小组，对同国计民生有较大关联的铁木农具等行业，试办手工业

合作社。1954年，建立手工业科，全面部署对个体手工业的社会主义改造，1956年基本实现手工业合作社，全县计有63个合作社（组），从业人员2437人，占全县手工业行业总人数的96.5%。

1953年5月，县在兴民火柴厂开展公私合营改造试点工作，12月，兴民火柴厂、富国牙签厂成为高要县第一批公私合营企业。至1956年初，全县私营工商业接受社会主义改造，分行业实现公私合营。

四、“整风反右”（划右派运动）

1957年5月28日至6月3日，县委召开各界人士座谈会，要求以毛泽东《关于正确处理人民内部矛盾的问题》的讲话为主题，揭露矛盾，解决矛盾，化消极因素为积极因素，把高要县的工作做得更好。11月2日，成立中共高要县委城镇整风领导小组，开展“整风反右”运动。至1958年6月，共有15名干部被划为“地方主义分子”或“右派分子”，并给予党纪和行政处分。1997年进行了改正。

1959年10月，在县属机关再次开展“反右倾”整风运动，历时4个月，一批干部受到处分。

1949—1957年，是我国国民经济三年恢复和“一五”计划时期，这一时期，高要县的国民经济迅速恢复，各项经济指标有明显好转，工农业生产开始起步发展。国内生产总值年均递增20.69%，工农业总产值年均递增20.92%，其中农业年均递增22.55%，工业年均递增9.13%。经过三年整治，全县社会稳定，市场繁荣，文化复兴，呈现出生机盎然的局面，之后五年（1953—1957年）第一个五年计划时期，国内生产产值年均递增5.6%，工农业总产值年均递增6.47%，其中工业递增14.04%，农业递增5.5%。

第二节 人民公社化（1958—1983）

一、互助合作社与农业合作化

高要县于1953年春完成土地改革，党和政府开始引导农民组织起来，走互助合作道路。是年夏收后，全县出现了第一个农业生产合作组织——七区腰岗村（现金渡镇腰岗村委会）蓝显良互助组。组内农户互助合作，以等价交换、以工换工的形式，帮助缺劳户克服农忙季节缺乏劳动力的困难。全组积极增肥投工，精耕细作，当年秋收获得大丰收。到1954年末，全县已建立农业互助组2174个，参加农户7438户，占全县总农户的6.5%；参加人数44474人，占全县农业总人口的10.31%。1954年秋收后，县委对农业互助合作运动进行系统总结，引导一部分互助组由临时互助组向常年互助组过渡，实行“自愿互利，进出自由，等价交换，民主管理”的原则，充分发挥了集体劳动的优势，对耕作、抗灾、兴修水利等都比单家独户的个体生产显示出优越性。1955年统计，全县互助组发展到11970个，参加农户56982户，占全县总农户的49.6%。

在全县普遍建立互助组的同时，1954年开始进行建立农业生产合作社的试点工作。是年2月，本县第一个初级农业生产合作社在五区镇安乡（现莲塘镇镇安村委会）成立。该社由16个农户组成，全社41人，34个劳动力，有耕地100.7亩，耕牛7头，农具一批，成立7人组成的初级合作社管理委员会，实行土地入股，耕牛、农具等生产资料折价入股，统一经营、统一劳动、统一分配，每年夏收预分一次，年终决算分配。从总收入中扣除5%公益金，扣除当年生产费用、管理费用后的纯收入，按土地分红占45%，劳动工分占55%的比例分配。该社1954年早稻总产15907公斤，比上年同期增产3787公斤，增长31.2%。在总结试点工作经验的基础上，中共高要县委于1954年下半年举办了大规模的农业生产合作社干部培训班，以区为单位，每个区都进行了办初级农业合作社试点。到1955年春，全县共建立初级农业合作社211个，入社农户6435户。1955年7月后，全县贯彻毛泽东主席《关于农业合作化问题》的指示，加快农业合作化速度，掀起办社新高潮。到1955年底统计，全县入社农户达107793户，占全县总农户的93.7%。

1955年下半年开始，部分初级农业生产合作社向高级社过渡，即取消土地入股和按股分红，分配形式由按劳、按股分配相结合改为全部按劳分配，社员的土地、山林全部无偿为集体所有，对新入社社员的耕牛、农具实行折价入社。社员出勤记工分，分配时按工分薪酬。每个社员的工分按其劳动能力分级评定，一般分为6～7级，每天的工分从5分到13分不等，干部则实行“定工出勤、定额补助、定期评比”制度。建立高级农业生产合作社对农民具有较大的吸引力。1956年春，全县共建立农业生产合作社1064个，入社农户123623户，占总农户的96.6%；其中高级社234个，入社农户64601户，占总农户的50.1%；初级社830个，入社农户57022户，占总农户的46.5%。到1956年秋收后，全县进一步掀起办高级社高潮，到年底统计，高级社入社农户127928户，占全县总农户的99.4%，全县所有初级社已全部转为高级社，除个别深山边区地区农户未入社外，绝大部分农户都已加入了高级农业生产合作社，全县基本实现了农业合作化。

建立高级农业生产合作社后，由于土地、劳动力、生产资金、农业基础设施、农业科学技术得以按照生产发展规律要求进行安排使用，克服了小农经济的生产局限性，因而在农作物布局、土地规划、农田基本建设、先进农业科学技术的普及、应用以及抗御自然灾害等方面，都在生产实践中显示出较大的优越性。1956年，全县各地普遍发生严重的旱、虫灾害，早造受旱26.7万亩，晚造增加到28.05万多亩，占全县水稻插植面积四成左右，早、晚造各有14万多亩遭受严重虫害，农业生产合作社充分发挥集体经济的优越性，与严重的自然灾害作斗争，仍有85.9%的合作社获得增产、保产。

在建立农业生产合作社过程中曾有过波折，一些地方急于求成，没有充分做好思想动员工作，许多初级社刚建立起来，还来不及巩固，又转为高级社，在生产资料折价入社及劳动记工分上偏向平均主义，加上部分干部存在官僚主义、强迫命令的作风，挫伤了农民的生产积极性。1956—1957年间，部分地区的一些社员提出退社要求，甚至形成“退社风”。1957年，县委在全县各地开展整社工作，对社员加强思想教育，纠正工作中出现的偏差，在一定程度上克服了平均主义，巩固了农业合作化成果，促使农业生产继续发展，绝大部分退社社员返回了合作社。农业合作社的建立，为组建人民公社奠定了基础。

二、人民公社

人民公社制度的建立，是我国农村在所有制方面继“土地改革”“农业合作化”后的又一次重大变革。从1958年下半年开始，高要与全国各地一样，按照“总路线”“大跃进”和《关于在农村建立人民公社问题的决议》，全面建立人民公社。人民公社的建立，对全县的经济和政治生活都产生了重大的变化。

1958年8月，中共中央发出《关于在农村建立人民公社问题的决议》。高要县委根据文件精神，在新桥进行建立人民公社的试点工作。8月30日，新桥人民公社宣告成立。新桥人民公社的范围包括原二区的整个行政区域，当时共划分为新桥、白诸、莲塘、活道4个大乡，共178个高级农业生产合作社（现南岸、马安、新桥、白诸、莲塘、活道6个镇），34649户、115561人。人民公社实行“政社合一”体制，建立公社党委会和管理委员会，下设党委办公室，管委办公室以及组织、宣传、监察、财贸、工交等部门，基层设管理区、生产大队、生产队，并仿照军队建制，设立营（管理区）、连（生产大队）、排（生产队）等各级生产、作战单位。人民公社建立初期，实行公社统一核算、统一经营、统一排工、统一分配，生产指挥上搞“大兵团作战”，无偿平调大队、生产队的劳动力与生产资料，生活上推行伙食供给制，以连为单位办食堂，集中吃饭不收钱。以连或排为单位办幼儿园，学龄前幼儿全部免费入托，社员劳动记工分，按月发工资。全县各地仿照新桥人民公社做法建立人民公社，到1958年底，全县共建立了乐城（包括河台、乐城、水南3个大乡）、禄步（包括禄步、白洞、小湘3个大乡）、大湾（大湾乡）、新桥、白土（包括白土、塱鹤、金渡、回龙、蛟塘5个大乡）、广利（包括广利、永安、沙浦3个大乡）、金利（包括金利、蚬岗2个大乡）、郊区（包括睦岗、黄岗2个大乡）等8个人民公社。1959年2月统计，8个人民公社共办集体饭堂1884间，在饭堂就餐人数48.83万人，占全县农业总人口的99%。此时，农村收益分配由公社统分，实行“吃饭不要钱，按月发工资”的分配制度。一般由大队包粮，小队包菜钱及油盐，工资由大队按“三包”工分发到小队，小队按社员实做工分发。

农村人民公社“一大二公”的所有制和管理体制实行之初，

显露了严重的弊端。一是刮起了“一平二调”的“共产风”，公社内部，甚至公社与公社之间无偿平调土地、劳动力、粮食、资金、农具乃至房屋，还提出“放开肚皮吃饱饭，一日三餐不收钱”的口号，造成粮食的极大浪费，加上“高指标、高征购”，大购“过头粮”，把集体存粮吃光、调光；二是助长了农村干部的浮夸风、瞎指挥风，盲目追求高指标、高定额、高要求，提出“人有多大胆，地有多高产”的口号，到处放粮食亩产万斤和日产钢铁万吨的“卫星”，全面推行“蚂蚁出洞、双龙出海”水稻密植和“深翻一米”改土，造成人力、物力、财力的严重浪费；三是轻视科学的经营管理，强调人的意志第一，精神万能，导致集体经济内部的劳动管理、财务管理、物资管理各项行之有效的制度被打乱，造成严重损失。1959年4月，县委根据党中央指示，对整顿公社问题进行了系统研究，制订了几项重要措施：一是调整人民公社和生产大队规模。把原来的8个公社调整为21个公社（即河台、乐城、水南、禄步、白洞、小湘、大湾、新桥、白诸、莲塘、活道、回龙、白土、金渡、广利、永安、沙浦、金利、蚬岗、郊区、水上），原来193个大队调整为810个大队。二是明确经济核算单位，由原来概念不清的公社统一核算改为生产大队核算。三是实施恢复生产的十项政策措施。其中主要的有恢复社员自留地、明确规定社员可以从事家庭副业的范围等。实施这些政策措施，在一定程度上稳定了生产关系，调动了社员生产积极性，使生产逐步转上正轨，有所发展。

1959年8月，中共中央八届八中全会后，全国各地全面开展了“反对右倾机会主义”的运动。在这一次运动中，高要县也有一批干部受到错误处理，使纠正“浮夸风、共产风、瞎指挥风”的工作受到很大影响，农村工作中“左”的做法得不到纠正。1961年6月，中共中央制订了《农村人民公社工作条例（修正草案）》（即“六十条”），进一步纠正农村工作中“左”的做法，对人民公社的所有制、劳动分配、社员和集体的关系等都作了明确规定。县委根据形势发展的需要，切实加强农村工作的领导，调配大批干部，充实农村工作部，并大力培训干部，建立工作队，系统贯彻落实《农村人民公社工作条例（修正草案）》，农村人民公社管理体制实行公社、大队、生产队三级所有。原来实行以大队为基本核算单位，改为以生产队为基本核算单位。为了适应生产队组织生产的需要，调整了生产队规模，从原来的4230个生产队调整为6250个生产队，平均每队劳动力由原来43人调整为27人。1963年，为了适应生产队为基本核算单位的新情况进行合并大队，精简机构，全县原来的810个大队合并为320个大队，每个大队管辖生产队数由原来的7个增加到19个，全县下放200多名大队干部担任生产队干部。通过系统贯彻、落实《农村人民公社工作条例（修正草案）》，基本稳定了生产关系，使农业生产逐步走上正轨。1963年到1965年，高要县按照上级统一部署，连续在全县开展“小四清”（清账目、清仓库、清财物、清工分）和“大四清”（清政治、清经济、清组织、清思想）运动。这次运动对健全制度虽有一定作用，但由于运动的矛头对准大队、生产队干部，重点是清理干部贪污浪费、多吃多占与组织不纯问题，自始至终受“左”的思想、理论指导，实行“以阶级斗争为纲”，致使大批公社、大队、生产队干部受到冲击和错误处理，农村经济发展受到干扰破坏。1965年到1972年间，全县在“农业学大寨”运动中，先后组织县、社、大队干部400多人分批到山西省昔阳县大寨大队参观学习。到1969年，全县已有90%的生产队推行大寨式的民主评分，取消劳动定额，在口粮分配与评工记分上极力突出政治，甚至评工记分时能熟背语录的标兵可多得工分，严重歪曲了按劳分配原则，发展了平均主义。1975

年，农村社队企业人员实行自带口粮、劳动在厂、回队分配、大队结算、收入归队、评工记分、适当补贴的办法。到1977年，全县生产队中实行民主评分计酬制的有10%，实行“政治挂帅、小组作业、任务到组、活评到人”的劳动计酬形式的小队占63%，实行“按产计酬、个人计件”的小队占27%。

在1966年至1976年的十年“文化大革命”期间，全县各人民公社也开展了大批“资本主义”、大批“三自一包”（自留地、自负盈亏、自由市场，包产到户）、大批“唯生产力论”，大搞“以粮唯一”，大搞平均主义分配，割“资本主义尾巴”等运动，限制了社员的自留地和家庭副业，实行统一墟期，限制农贸市场，随意批斗违反各种极左规定的社员。生产队一切搞活生产经营、增加集体收入的措施都被作为资本主义批判，任意扩大粮食统购和农产品派购范围，生产队完成征、购任务的产品，只准分给社员，不准到农贸市场出售；规定生产队只准从事农业生产，不准搞二、三产业，原有的工业企业要转移给大队经营，甚至连正在生产的砖瓦窑也要拆除平毁，把窑房所占土地开发成农田；对社员发展家庭副业进行严格限制，许多辛勤劳动致富的社员被作为“资本主义自发分子”“暴发户”进行批判。这一系列做法严重打击了社员的生产积极性，压抑了农村经济的发展，束缚了生产力，导致农民长期无法摆脱贫困。人民公社建立前的1957年，全县农民人均纯收入56元，到1977年才增加到123元，平均每年只增加3.3元。1978年12月，中共中央十一届三中全会后到1983年，县人民公社经历的最后一个阶段，全面纠正农村工作的“左”倾错误，从价格、税收、信贷和农副产品收购等方面调整政策：一是调整本村生产关系，全面推行家庭联产责任制；二是调整农副产品购销政策，改系统派购制度；三是因地制宜，调整农业生产布局、农村产业结构，加快了农业发展步伐。

回顾农村人民公社26年的历史过程，实际上是“左”倾错误路线不断发展，不断调整，最后被彻底纠正的过程。然而，它的影响是深远的，教训也是深刻的。

三、家庭联产承包责任制

中国农村实现农业合作化以后，先后实行过各种形式的责任制，由于受集体经济组织，高度集中统一生产关系的局限，农民生产积极性和农村生产力始终得不到充分发挥。家庭联产责任制，是高要农民在中共十一届三中全会精神指引下，在生产实践中吸取正反两方面的历史教训，纠正“左”的错误，逐步探索出来的。

家庭联产承包责任制的成功推行，不仅使农村开创出一个新局面，而且推动了各行各业至社会的改革发展，为建设中国特色社会主义发挥了巨大作用，因为它从最根本解放了生产力，促进了社会生产力的发展。

中共十一届三中全会召开后，全县各地于1979年开始进行探索、实施各种形式的责任制，比较普遍的是“五定一奖到组、到人”（即定劳力、定地块、定产量、定工分、定成本，奖罚到组、到人）责任制，各地在实行中进一步加以简化、完善。1980年春，开始有部分生产队把“五定一奖到组、到人”的责任制转变为“联产包干到户”责任制，即生产队把全部耕地合理搭配分包到户，生产队不再进行统一排工和记工分，也不拨给生产费用，不进行统一分配，而是统一制订生产规划，指导农户生产并提供农业科学技术服务，向农户统一收取水电费、公积金（用于农田基本建设）和少量的生产管理费，农户除向国家交纳公粮外，其余劳动成果全部归农户自己支配。农户把这种做法概括为“交够国家的，留够集体的，其余都是自己的”。实行这种家庭联产承包责任制，使农民真正掌握了生产自主权，发挥了小规模经营的长处，对发展生产起到了重大作用。1982年，全县出现了家庭联产承包责任制大发展的形势，夏收后统计，全县实行家庭联产承包责任制的生产队达3735个，占全县生产队总数的63%，全部都获得了不同程度的增产。到年末统计，实行了家庭联产承包责任制的生产队达九成。到1983年末，全县所有生产队都实行了家庭联产承包责任制。

本县于1984年以一年时间系统进行完善、健全、巩固、提高家庭联产承包责任制工作。其中上半年抓了完善山林责任到户，明确划分“自留山”“责任山”到农户经营。村经济合作社与农户签订承包合同，明确山林权属与承包权利、义务，实行“责任山”承包期限三十年不变，发放“自留山证”与“责任山承包合同”到户。下半年抓好完善土地的家庭联产承包责任制，实行家庭联产承包十五年不变，村经济合作社与农户签订承包合同，把土地承包证书发放到户，从而使集体与农户的土地承包关系以合同形式明确下来。

全面推行家庭联产承包责任制，广泛调动了农民的生产积极性，有力地促进了农业向专业化、基地化、商品化发展。从1985年开始，高要县农业进入了稳步、快速增长的发展时期，到1992年，全县农村中从事粮食、林业、养猪、养禽、养鱼、水果、药材、蔬菜、农产品加工以及机耕服务等农业专业户已达1.3万户，占总农户的9.5%。专业户完全按照市场的需要发展生产，其专业产品的商品率达到95%以上，带动了全县农业商品率的提高，1992年全县农产品的综合商品率达到80%。农业专业化、商品化的迅速发展，使农民迅速摆脱贫困，加快致富步伐。1992年同1984年对比，8年间农业总产值由22861万元增加到108096万元，增长372.8%，平均年增长21.4%；农民人均纯收入从551元提高到

1278元，增加727元，平均每年增加90.8元。与此同时，农村大量的剩余劳动力得以迅速转入二、三产业，乡镇企业蓬勃发展，促进了农村产业结构的调整，繁荣了农村经济。

第三节 国民经济调整（1959—1963）

一、国民经济的初步调整

在“大跃进”之后，高要和全国一样，也出现了严重的经济困难，人民生活处于贫困状况。在严重困难面前，高要县委认真贯彻中央“调整、巩固、充实、提高”八字方针，对国民经济进行调整。

第一，加强农业战线建设，全面贯彻落实“农业六十条”，恢复和发展农业生产。一是整顿劳动力。1961年8月止，县委就在全县工矿企业中压缩了几千人，返回农村加强农业第一线，县以上工矿企业和公社工业人员各占一半，缩短工业战线，压缩劳动力，支援农业。二是以兴建电动排灌站为突破口，加强水利建设，保障农业生产的稳定。1960年6月，县委、县政府为了加快农田水利基本建设，彻底根治低塱，解除涝患，成立“高要县电动排水工程指挥部”，县委副书记孟进鳌任指挥，县委副书记徐柱、副县长梁二娣任副指挥。筹建永安110千伏输变电站、金利35千伏输变电站和电动排灌站。12月，在省、地委的大力支持下，第一期7个电动排灌站在金利、永安、广利、蚬岗四个公社破土动工兴建，总装机容量10695千瓦。自1961年起，国家对农、林、水利部门基建投资有了较大规模投入，1961年，农、林、水利部门基建投资完成额达到477.01万元，比1957年增长50.3倍，比1960年增长92%；1962年又达到660.73万元，比1961

年增长38.5%，大规模电动排灌工程由此兴起，截洪渠工程与电动排水工程配合，为根治涝患开创新的局面。到1963年以后受涝成灾面积逐年减少，兴建电动排水站初见成效。三是从物力、技术等方面，大力支援农业生产和农业基本建设。在满足了农忙季节和防洪抗涝的需要的同时，组织一批工人和技术员，深入农村抢修农业机械与农具。在工具设施上也进行大力支持，1961年已有拖拉机57个标准台，1315匹马力，可以负担犁耙田七万多亩，并可负担一定的排灌、运输等任务，抽水机发展到150部，4070多匹马力。1962年一年，共生产了铁、木、竹等18种小农具达59.37万件。同时，积极增产化肥、农药等支援农业需要。四是减少粮食征购，调整农副产品收购政策。调整农副产品收购政策，调高了农副产品的收购价格，制定合理的购留比例制度，贯彻奖售政策，对超产自留的计划外商品实行换购、奖售与议价收购、代购、代销等措施，以增加收购，扩大销售。除此之外，还恢复了供销社，进一步开放农村集市贸易。五是全面整顿人民公社的各项政策，贯彻落实“农业六十条”。农村人民公社管理实行公社、大队、生产队三级所有，原来实行以大队为基本核算单位，改为以生产队为基本核算单位，建立以生产队为基础的三级核算制度，恢复社员自留地和家庭副业，恢复劳动定额管理等措施，进一步调动了广大群众的生产积极性。经过一系列的调整，高要县的农业经济从极度困难中较快地得以恢复。

第二，调整工业生产部署，贯彻“工业七十条”，压缩劳动力支援农业生产。县委按照农业第一，市场第二，保维修配套的方针，按照压基建，保生产，压重工保轻工，压加工保采挖，压成套设备保维修配套，压一般保重点，有所不保为了有所保，有所不为为了有所为的原则，对三年大跃进发展起来的工业布局问题，进行调整，生产方针、产品分工、劳动组织，进行合理安排，加强企业管理，工资分配政策等都进行了调整。1961年7月16日，县委召开了厂（矿）书记、厂（矿）长会议，根据上级党委的指示和省三级干部会议以及地委工业会议精神，按“保、停、缩、并、改”五个字对工业布局与生产规模再次进行调整，大力压缩工矿人口。经过调整保留下11个厂矿。10月地委三级干部会议后，县委组织各厂矿开展学习和贯彻中央“工业七十条”，全县各厂矿按照七十条，着手在企业实行“五定五保”制度，改善了工资分配与奖励制度，贯彻按劳分配，多劳多得，实行了计时工资加奖励与适合计件的实行计件工资，建立党委领导下的厂长负责制，加强生产的岗位责任制与健全各种制度，加强了计划、财务、技术定额的管理，贯彻经济核算，做到各有其职，各有其责，使每个职工都能发挥其积极性。经过全面的、较系统的调整，高要工业的生产和发展布局进一步趋于合理。至此，工业比例、工业内部各个环节之间的比例关系也基本协调，机械工业，从制造为主逐步转向以维修配套、生产零配件为主，保留下来的企业都有了正常的生产条件，逐步扭转了被动局面，使工业逐步转到以农业为基础的轨道上来，使工业的生产和发展逐渐有所恢复。

第三，加强财贸工作稳定物价，促进生产。在党中央“调整、巩固、充实、提高”的八字方针指引下，1961年，县委认真贯彻落实中共中央《关于改进商业工作的若干规定（试行草案）》精神，对本县商业体制、流通渠道、农副产品采购，企业经营方针等方面，都作了调整、充实，采取了相应措施安排市场，组织商品供应，稳定群众生活。一是调整商业体制，恢复三条流通渠道，落实农村经济政策，开放农贸市场。1961年下半年，商业、供销分家，在经营上实行商品分工和地区分工相结合的办法，恢复合作商店（组）。1962年，国营商业为改变管理体制过粗的状况，按省指示，高要县恢复了专业公司建制，管理分为三类进行。一类是五金交电化工公司；二类是百货、纺织、医药、糖烟酒、食品公司，这两类公司的业务以上级公司垂直领导为主，行政管理隶属商业局；三类是蔬菜、贸易、华侨、储运公司，以商业局领导为主，同时接受上级公司业务指导。这样，相应改变了公司的核算体制和业务领导关系，使专业公司发挥了条条职能的作用。在县内圩镇，各公司逐步恢复和增设了国营商业下伸机构，实行一竿子到底的经营，增加流通渠道，扩大经营范围，城乡购销活跃。二是按照等价交换原则，运用价值规律，调整了农副产品收购政策。“大跃进”时期，国家对农副产品收购包得过多，统得过死，不利于生产的恢复和发展。因此，调高了农副产品的收购价格，制定合理的购留比例，贯彻兑换奖售等政策。三是稳定群众生活，合理分配商品。因“大跃进”期间，生产受破坏，商品奇缺，供应紧张。政府采取压缩社会集团购买力的措施，为稳定群众生活，合理分配商品，对十八类商品采取稳定价格的措施。四是对部分商品，实行高价政策，扩大货币回笼。在困难时期，市场上商品少，“共产风”退赔后，社会游资多，商品供量与购买力不平衡，两个市场，两种价格差距很大。为解决这个问题，县政府遵照上级指示，对部分商品实行高价政策，按照“卖得出，顶得住”的原则，对糖果、糕点、名酒、自行车、手表、钟和部分针棉织品及饮食业，先后实行高价供应，对社会游资起了“泄洪”作用。随着党的政策贯彻落实，农贸市场的开放，工农产品生产的发展，使商品日益丰富，物价渐趋平稳。五是采取多种经营方式恢复必要的补充渠道。为了活跃市场经济，国、合分家后，供销社成立货栈，国营商业也恢复贸易公司。在经营上，实行了“高来高去，低来低去，高来低去，低来高去”和“有赔有赚、总算账略有微利”的灵活经营方针。同时，对企业全面进行“三清”、实行“二参一改”的办法，开展以“扭亏增盈”为中心的改善经营管理活动，彻底处理库存积压及悬账悬案，加强了经济核算，提高了经营管理水平。这时期，经济恢复与生产发展较快，市场再度出现兴旺繁荣景象。

由于在经济上、政策上采取了一系列的措施，县国民经济的调整工作取得了明显成效。1962年，工农业总产值比1957年下降14%. 农业生产改变了前三年连续下降的状况，开始回升，1962年粮食总产量比1960年增长8.3%。工业生产出现了转机，1962年与1957年比，工业总产值增长25.7%。总之，国民经济最困难的时期已经过去，许多方面都出现了迅速恢复的好形势。

二、国民经济的深入调整和恢复发展

从1963年起，高要县继续贯彻执行中央“调整、巩固、充实、提高”的方针，对国民经济进行深入调整。

第一，调整农业生产机制，促进农业生产全面发展。1963年至1965年，根据省、地委“以粮为纲，大办粮、油、猪、渔，有重点、有步骤地恢复经济作物”的农业生产方针。县委采取了一些措施：对大队进行合并，调整规模，精简机构；恢复自留地，家庭副业和集市贸易；在农村实行了定勤、定肥、定购的“三定”制度，合理投放劳动力，健全各种田间生产和副业生产的责任制；实行“固定地段、包工到组、到人，评比奖励”的田间生产责任制；推行把专业和兼营的副业固定包给小组和个人的副业生产责任制；对粮食政策进行了适当调整等。六十年代初，出现了两个市场，两种价格悬殊的情况，国家对生产资料供应不足，农民把粮食平价卖给国家，却要从农贸市场上高价买回生产资料，形成“种粮亏本”，甚至“增产减收”的局面，使国家和农民在粮食问题上的矛盾表现得非常突出和尖锐。从1962年下半年开始，根据中央的指示，在粮食政策上实行以计划内征购为主，辅以计划外换购和议购的办法，对粮食，除适当增加征购任务外，其余的可以换购化肥，也可按照农贸市场价格议价出售给国家。对经济作物则实行合理派购、奖售和换购、议购等政策措施。这样，大大提高了农民生产和出售粮食的积极性，把国家计划的指导作用和价值规律的调节作用结合起来，兼顾了国家和农民两方面的利益。据统计，1962年至1964年全县粮食生产量、征购水平与留粮均有较大提高，3年总产6.04亿公斤，比前3年总和增加39%，征购入库2.273亿公斤，比前3年增加20.5%，社员口粮2.9967亿公斤，人平年均口粮175.5公斤，除完成任务外，粮食部门还超购、换购入库粮食3031.5万公斤。经过调整，农业生产有了较大的发展，农业生产发展出现了“马肚型”的趋势。

第二，调整工业生产机制，促进工业恢复和发展。这一时期，高要县继续贯彻执行“调整、巩固、充分、提高”的八字方针和工业“七十条”，并在前两年工业调整取得较大成效的基础上，着重对工业转向巩固、充实、提高，努力改进企业的经营管理，进一步使工业恢复和发展起来。1963年9月，县委根据省经济工作会议精神和上级党委指示，结合本县工农业发展的具体情况，为了更好地搞好工业生产，更有力地支援农业、支援市场，在前两年缩短工业战线，调整工业与农业、工业内部的比例关系的基础上，对工业作进一步调整。把广利火柴厂下马，将高要化肥厂上调专区经营，县农具厂合并高要机修厂，成立“高要县农业机械修配厂”；高要农药厂转行，改为“高要县副食品加工厂”。对企业内部生产规模进行调整，禄步煤矿根据地质资源情况，撤销第一工区，报废担水坑矿井，充实第二工区，保留龙屈岗矿井，高要副食品加工厂充实切粉车间，增加锅炉一座，蒸粉机一套，由原来小锅手工操作，笨重体力劳动生产变为蒸汽化机械化生产，大大提高工效，由日产250斤提高到3000斤；禄步石灰厂增建灰窑一座，由原来日产能力7.5吨，提高到15吨，增加一倍产量。经过调整，农业轻重比例、工业内部的各个环节的比例关系较为协调，工业产品的质量显著提高，花色品种有了很大增加，主要原材料的节约工作取得了很大成绩，劳动生产率有了提高，企业利润增加，亏损减少。在经济管理方面，贯彻了工业“七十条”，实行“五定五保”、定额管理、班组核算、岗位责任制等一系列的经济核算制度，树立勤俭办企业的方针，促进了生产。为降低生产成本，提高产品性能和质量，于1965年在全县开展“双革双新”（技术革新、技术革命，采用新技术、新工艺）、增产节约的“比、学、赶、帮、超”的群众性运动。运动首先以总结成绩入手，进行交流经验，树立标兵，强调实学实用，反对形式主义，组织职工到马安煤矿参观学习，通过参观对比，找差距，查原因，各企业迅速掀起学马安、赶马安的生产热潮。在学先进的基础上，开展“双革双新”运动，发动工人敢想敢干、敢于实践，大胆革新，采取工人、技术员和领导三结合的办法，组织人员到外县和广州、上海的各工厂企业学习，根据各企业的具体情况，结合生产需要，革新了工具171项，这些工具在生产中发挥了巨大的作用。这时期高要县的工业生产出现了波浪形的发展趋势，呈现出全面好转的迹象。

第三，做好以市场为中心的经济工作。1963年，广东省委提出要做好以市场为中心的工作，尝试用经济办法来管理经济。根据省委的指示精神，县委要求全县经济部门，抓紧时机，积极做好农副产品和工业品的收购工作，进一步开展工农产品的推销，积极主动开展地区之间、城乡之间、部门之间的物资交流；认真做好工业品下乡工作；调整部分工业产品的价格；组织财政、银行、商业、工业等部门，共同把经济工作搞好。由于扩大了购销和调整价格，贯彻了合理的统购、派购政策，实行了奖售、换购、议购等措施，并从财力、物力上给予农业极大的支援，对帮助农村生产队战胜自然灾害，迅速恢复和发展生产起了很大的促进作用。同时，进一步加强农村商业工作，调整和增设了固定商业网点，充实了流动购销力量，活跃了农村市场，大力促进农村多种经营的开展。在改善商业、流通经营管理方面，裁并了部分重叠机构，砍掉了一些不必要的经营环节，改革了部分不合理的运输路线和规章制度，缩小了商品购销差价，提高了企业经营管理水平，从而加速了商品流转，促进了生产的发展。商业部门的商品采购量增加，商品供应情况显著改善，国家计划价格基本稳定，集市价格大幅度下降，市场情况迅速好转。全县零售物价指数（分别以上年价格为100），1962年为100.5，1963年为98.07，1964年为95.22，1965年99.48。高价商品恢复牌价，市场又出现繁荣兴旺的新景象。

从1961至1965年“五年调整时期”，在中央和省、地委的领导下，各级干部同广大群众同甘共苦，团结一致，坚决贯彻以调整经济为中心的一系列正确方针和政策，为克服面临的严重困难进行了不屈不挠的斗争。国民经济调整工作取得了很大成绩，工农业生产在比较协调的基础上发展。

1965年，全县工农业总产值为38911万元（1990年不变价），其中农业总产值31484万元，工业总产值7427万元。同1957年相比，工农业总产值增长42.5%，其中农业增长34%，工业增长96%。农轻重比例、工业内部和农业内容结构比过去协调了，1965年，粮食总产量达281990吨，比1960年166945吨，增产115045吨，超过1957年的水平。生猪存栏量比1957年增加了116820头，增长151%。1965年，油料、糖蔗等经济作物也大幅度增产。油料产量1422吨，比1957年增产37.7%；糖蔗产量46129吨，比1957年增产119%；经济作物在农业总产值中所占的比重有所提高。财政平衡，在1961年至1965年的五年中，财政收大于支1277.5万元。市场上社会商品购买力同零售商品货源基本平衡。1965年全县社会商品零售额达到5659万元，比1957年增长93.5%，平均年递增8.6%。全县零售物价总指数大幅度回降，从1957年的102.65下降到1965年的99.48（分别以上年为100）由于生产恢复，市场供应增加，人民生活有了改善。

总的来看，高要县经过对国民经济的深入调整，国民经济中工业和农业的关系、积累和消费的关系比较协调了，工业生产方面有相当大的提高，农业在产量方面大大超过了1957年的水平。特别到1963—1965年，经过3年经济调整，年均增长速度国内生产总值17.44%，工农业生产总值18.35%，其中工业16.03%，农业18.93%。从而，国民经济的调整与恢复工作，在全县干部群众的共同努力下最终胜利完成，贯彻落实了国民经济“调整、巩固、充实、提高”的方针。

第四节 “文化大革命”（1966—1976）

1966年5月，根据中共中央关于开展无产阶级“文化大革命”（简称“文革”）的《五·一六通知》精神，县委召开全体委员会议，决定成立“文革”领导小组。

5月底，县“文革”领导小组，根据肇庆地委“文化革命”领导小组的指示，组织县属机关、厂矿企业、各公社（镇）党委机关的干部职工，参加社会主义“文革”学习活动。同时，制定了《关于组织干部职工积极参加社会主义文化大革命活动的学习计划》。高要的“文化大革命”运动升起了序幕。

“文化大革命”初期，县委没有料到其发展的迅猛，特别是在国家级报刊上登载了北京大学聂元梓等七人的大字报和中央决定改组前北京市委后，有些中等学校的师生就自发搞起来，并要求县委派人去领导搞“文化大革命”。1966年6月10日，县委召开了有40多人参加的关于学校开展“文化大革命”的会议，对中小学的“文化大革命”作了具体部署。11日至13日，县委又分别召开了全县中、小学“文化大革命”工作组长会议，传达贯彻省委、地委的指示，强调依靠“左”派，团结“中间”派，并强调“文化大革命”是由“党中央和毛泽东主席通过电台和报纸来直接领导”。会后各公社从墟镇机关和学校抽调了一批骨干参加了工作组。全县先后组织工作组30个、组员200多人，贴出一万多张大字报。随后全县组织了87个单位的干部、教师、职员、工人共有7218人（其中职工3024人）开展“文化大革命”，被批判、斗争对象共83人。受斗争、批判的40人，其中构成“敌我”性质的20人。此外，有九个单位出现夺权现象。

7月20日，根据省委“关于进一步加强文化大革命的领导、重新调整运动部署的指示”，县委召开了常委（扩大）会议，对运动进行重新部署。24日，全县333所小学的1223个教师集中到广利集训。历时21天，把教师划分为“左”“中”“右”三类，并“揪出”了“反党反社会主义的牛鬼蛇神”60多人进行批斗，对“有问题”的110人进行了批判。

8月9日，《中国共产党中央委员会关于无产阶级文化大革命的决定》（简称《十六条》）公布后。16日根据省委、地委的指示作出撤出中等学校所有工作队的决定。由学校师生、员工自行成立“群众组织”主持开展“文化大革命”活动。此后，县委对社会局势的控制渐趋乏力。

1966年8月下旬，红卫兵开始外出串联。农村公社、大队一级随形势发展也开展了“文化大革命”，自发成立的群众组织，批斗各级领导干部，对各级领导机构进行改组或夺权，使党政机关陷于瘫痪，造成社会混乱。

紧接，各公社和各条战线先后成立“文化大革命”筹委会，实行全面领导。各级、系统、单位相继召开动员会，辩论会，批判会，不分昼夜地批判、斗争“党内走资本主义道路的当权派”“学术权威”和横扫“牛鬼蛇神”；红卫兵则给干部戴高帽游街，集中“四类分子”游乡。

9月，劳动大学、中学的师生、红卫兵分期分批组织外出串联。到年底，县属各中学的红卫兵代表前往北京接受了毛泽东主席在天安门的大检阅。

同月初，“文化大革命”延伸到社队、村后，破除旧思想、旧文化、旧风俗，旧习惯的破“四旧”行动在城乡开展。大量古书、家谱、族谱、旧诗画、旧对联被没收、烧毁，龙舟被拆做造台、凳板料。妇女的长发也被视为封建“四旧”，被剪掉，成为“解放头”；不戴手镯、耳环，已成为一种风气。最后发展到抄家、打砸等。

1967年1月，受上海“一月风暴”吹到高要的影响，很多群众组织开始向全县各级、各单位的领导机构进行改组或全面夺权，批斗各条战线、单位领导干部，使县委及各级指挥系统和管理机构陷于瘫痪，正常的工作秩序和生产秩序被打乱。随之大鸣、大放、大字报、大辩论的“四大”开始到处张贴，并向党政机关“全面夺权”。

2月底，县人民武装部，对地方实行军事管制，开展“三支两军”工作，成立高要县生产临时指挥部。

1967年3月，红卫兵大串联结束。9月，由工人、农民组成的毛泽东思想宣传队进驻中、小学校，学生回校“复课闹革命”。其间，群众组织之间的对立不断升级，矛盾激化，形成了“东风派”和“红旗派”组织之间的对抗。由于肇庆市两派之间的冲突，制造了西江水运交通全线停航事件。期间，两派群众组织的冲击升级为武斗，在肇庆西门斜坡的武斗中，两名解放军在制止武斗中受伤，抢救无效牺牲；7月10日，新桥公社发生大型武斗，被打死打伤多人；北部山区的几个公社，出现乱打乱杀现象。

1968年初，“文化大革命”进入了“斗、批、改”阶段，县成立革命委员会、“活学活用”毛泽东著作、组织“革命大批判”、清理“阶级队伍”及“一打三反”、教育革命、青年上山下乡、干部下放劳动、整党建党等一系列的整改运动。

1968年2月9日，高要促使两派群众组织实现了大联合，结束了对抗局面，但局部武斗仍时有发生，且还不断升级。

直到8月，在县革委会贯彻落实中共中央1968年7月3日与7月24日分别发出的《七·三布告》和《七·二四布告》后，全县武斗和打、砸、抢事件才得到控制。

1967年至1970年期间，开展了“革命大批判”和“清理阶级队伍”及“一打三反”运动。人们的思想被打乱；制造了冤、假、错案，也给一些干部、群众带来伤害。

1968年9月中旬，“贫下中农毛泽东思想宣传队”进驻学校开展“斗、批、改”和“清理”教师队伍行动，把一批老师“清理”回农村务农，与此同时，实施教育革命：大办耕读教育，且小学不出大队，中学不出公社，每个大队有一所完全小学。学制改为五年一贯制，初中、高中改为两年制。

“文革”后期，大批“知青”上山下乡，接受贫下中农的再教育。1968年底，高要接收安置下乡知识青年2960名。到1976年，全县共接收安置下乡和回乡知青8800多名。有的被安排在林场、茶场，大部分到农村生产队插队，参加生产队劳动，与农民一样评工记分。各公社的知识青年，由公社自行安置。各公社相应成立知识青年上山下乡工作领导小组，县成立知识青年上山下乡工作办公室。1979年以后，这些机构陆续撤销。

1968年11月，各级实行机关革命化，下放干部到农村和“五·七”干校劳动、学习，改造世界观。他们一边劳动，一边展开“斗、批、改”。

1971年9月初，县委根据中央和省委、肇庆地委的指示开展清查“五·一六”反革命集团的流毒和罪行，同时，清查了“文化大革命”初期发生在肇庆地区的“抢粮”“停航”等事件的真相。

同时，县委对在“四清”运动中和“文化大革命”初期及

“整风整社”“一打三反”等运动以来受到处理的干部进行了复查甄别和落实政策。对受冲击的中小学校长恢复了名誉，安排了工作。一批被“打倒”的干部、知识分子也重新担任领导工作，一批被“清理”出去的教师回到了教学岗位。

1973年9月，党的十大之后，全县开展党的基本路线教育运动，选拔了一批新干部，特别是青年干部和妇女干部。增强了党的基层建设，改变了基层干部的作风，一些农村的矛盾和问题也得到了解决。但随着后来的反击“右倾思想”回潮和“批林批孔”运动，基层干部无所适从，党群关系受到影响，生产受到阻碍，经济受到严重影响。

1978年10月下旬，依据中央指示，对历次政治运动受冲击、法办、戴帽、开除党籍、撤销职务、开除公职（包括遣回乡）的干部、教师、居民等进行复查，对确实是冤、假、错案或处分过重的给予平反，恢复名誉。12月，以“实践是检验真理的唯一标准”冲破了极“左”的束缚，终止了“十年动乱”，“文化大革命”随之宣告结束。

第五节 改革开放

1978年，党的十一届三中全会召开，中国共产党用改革开放的伟大宣示把中国带进一个崭新时代。40年改革开放如春风化雨、改变了中国，也改变了高要。

春天来了，改革开放掀起了华夏振兴的浪潮，高要人民用自己的双手把高要建设成为一座经济社会事业蓬勃发展，人民生活安居乐业的幸福美丽城市。40年的改革开放，高要大地发生了翻天覆地的变化，各项建设成果丰硕。

高要，一直都是以农业大县著称。然而高要的大农业长期以来受到“一大二公”体制和“文化大革命”的冲击，一度停滞不前。改革开放后，高要农业的发展突破三个重要阶段，一是突破人民公社“一大二公”的体制，1981年实行家庭联产承包责任制和统分结合的双层经营体制，把土地使用权下放到农户，把生产的主权还给农民，调动了农民的积极性，使农业经济飞跃发展，从根本上解决了农民的温饱问题。二是突破农产品的统派统购的计划经济体制，使农民拥有生产权和产品经营权，成为独立的商品生产者。1983年1月18日，中共高要县委制订的《高要县发展农村经济七项规定》的发展家庭经济，缩小农（林）副产品统派统购范围，建立农村商业体制，扶持专业户、重点户发展，建立企业责权，结合的经营责任制等作出具体的规定，大大促进了农业经济的发展。三是全面实行市场经济体制，突破了“以粮为纲”和“以农唯一”的传统模式，调整了农业布局，优化了品种结构，使农业经济得到不断发展。1978年的农业总产值为3.64亿元，而到了1993年已达到14.18亿元，2017年则是74.97亿元，提高了近21倍。现在已形成了一个现代化农业的格局，走大农业的路子，发展规范化、集约化、基地化的农业商品基地。

1993年，高要充分发挥地处珠三角的地缘优势，利用丰富的自然资源大力发展高产、高质、高效的“三高”农业，建立优质粮食生产、蔬菜生产、水产养殖、禽畜养殖、水果种植和商品林种植六大生产基地，组建了高要蔬菜、嘉耀林业、水产公司、广南畜牧、贝来德养鸽、大旗水果、金团农业、基良家禽渔牧、万益养鸡、深山蜂蜜和兴业农副特产等十大农业龙头企业。2015年，单农业龙头企业总产值达到18.2亿元。2017年，高要的现代农业在原来的基础上加快了步伐，提高农业生产品位，先后建成了省级农业合作试验区、种植标准化示范区、农民合作社示范社和确认了一批无公害农产品产地及无公害产品、名牌产品、地理标志保护产品，绿色食品等，建设“肇庆十里农业生产旅游长廊”，把高要大农业向着现代化目标推进。

“无农不稳、无工不富”，这是一条发展经济的新理念。1978年前，高要受农业大县县情的思想禁锢，工业发展相对滞后缓慢，总产值只有1.6亿元，仅占工农业总产值的35.4%。1979年开始，认真贯彻中央“调整、改革、整顿、提高”的方针，突出机械工业，重点发展轻工和建材工业，加快了工业发展的速度。1980年全县已开设国营企业43家，相应的县属集体企业、乡镇集体企业和个体私营企业也蓬勃地发展起来，到1986年，全县镇以上工业企业发展到295家，产值达5.2亿元。1988—1991年，高要在国家治理经济环境、整顿经济秩序的宏观指导下，一方面坚持“走向外求发展”，另一方面狠抓企业内部的“技改挖潜”，工业生产得到持续、协调、稳定发展，一批国企、私企、外企相继落户高要，成为高要的工业支柱。1997年，通过深化改革，外引内联，工业、企业进一步得到发展，实现了工业总产值107亿元。2000年，对工业采取“调整结构，提高水平，抓优成势，促进发展”的方针，坚持改革发展，依靠科技，推进工业结构调整和升级，按照现代化、工业化要求，高起点、高标准建设工业园，使鸿图、华锦、河台金矿、粤高食品和中环集团等企业扩大了生产规模；天资工业园、东区工业园、西区工业园加快了建设速度。2000—2001年的工业增加值为31.15亿元、31.88亿元。2002—2003年的两年中，利用区位、环境、资源和成本优势，全面招商引资，推进工业化进程，形成了五金制品、机械制造、铸造产业、纺织服装、建材陶瓷、农产品加工和冶金等支柱企业，工业经济进一步发展，其中，2002年工业总产值178.92亿元，增加值36.68亿元，2003年工业总产值195.4亿元，增加值41.04亿元。2004—2007年，高要的工业坚持以发展为主题，深化改革，形成“三园两带多群体”的工业经济新格局，促进了新一轮发展。2008—2010年，高要贯彻实施《珠三角地区改革发展规划纲要》，转变发展方式，促进转型升级，推进“六园一带”工业集聚基地建设，工业结构得到优化，特色支柱产业得到发展，金渡、金淘、天资、金盛、禄步、白诸六大工业集聚基地和白金龙工业带的建设日臻完善，其中金渡工业集聚基地落户企业57家，金淘工业集聚基地44家，天资工业集聚基地16家。2010年，全市完成工业产值428.11亿元。2011年，主打“工业强市”战略，以园区建设为载体，开展各类经贸洽谈、招商引资活动，按规划完成全年工业总产值596.58亿元。2012—2014年，着力加快产业转型升级，推进新型工业化，推动工业经济发展步伐，主力培育“新三板”企业，推动更多规模企业挂牌上市，加大工业技改扶持力度，促进支柱企业向高端科技发展，加快工业化进程。2015年，高要区的工业发展思路定调为“改革创新、转型发展”，在工企业改革、规模工业发展、扶持工业技改和工业节能减排等方面全面规划、有效实施，涌现了一大批高科企业。

40年来，人民生活水平不断改善。改革开放前的1978年，高要农村人均收入只有107元，机关职工干部人平均收入仅590元，城乡居民储蓄余额仅1990万元。到了1987年，即改革开放的第10年，农民人均年收入已增至894元，机关职工干部人平增至1359元，城乡居民储蓄余额增至2.77亿元。从这两组数学显示，人民群众的生活水平提高近十倍。到了1997年，农民人均年收入跃升到4113元，职工人均年工资升至7480元，城乡居民储蓄余额达25.63亿元。2018年，农村常住居民人均可支配收入20215.4元，职工干部人均收入显著提高，城乡居民储蓄余额268.72亿元。可见，40年的改革开放，人民生活起了翻天覆地的变化，得到长足的发展。

40年来，城市建设日新月异。高要，原府治端州。1982年，广东省人民政府批准设立南岸镇，1984年，高要县第五届人民代表大会定为高要新县城。改革开放的大环境，为建设新县城提供了优越的条件，为发展新县城奠定了良好的基础。1985年2月，在南岸镇举行了新县城奠基典礼，当年年底建成要南大道、南兴路、南亭路、文锋路等十条大街。1993年开展城乡一体建设，新县城城区向东西两翼扩展，大街小巷树枝形布局，还把西面的银星、科德建成第二经济开发区，东面的金渡纳入第三经济开发区，2003年4月，把原马安镇并入南岸街道办事处，使城区扩大到50平方千米。

2011年到2016年，紧紧把握国家实施《珠三角规划纲要》的机遇，全面对接肇庆城市一体化发展，高要的中心城区范围将拓展到138平方千米，南岸和金渡城市中心区，金利产城互动中心区及紫云新城、江滨新城、生态新城的“两区三城”的规划建设全面展开。

随着城市化进程的提速和大交通建设的催迫，高要的交通动脉除了横贯东西95千米的西江黄金水道外，改革开放40年来，先后对321、324国道、肇江公路进行了拓宽改造；途经高要境内的三茂铁路、南广高铁和广昆、江肇、广佛肇高速公路相继建成通车。期间还新开辟了世纪大道，架设了新江口大桥，开通了江肇高速刘村连接线，初步形成了高要区域“六纵六横”的交通网络，对发展高要起到催化作用。西江大桥、肇庆大桥和阅江大桥的建成，提升了高要城区的城市品位，使高要城市化建设上了一个新台阶。

40年来，社会事业蓬勃发展。一是教育事业飞速发展，1978年撤销了生产大队教育领导小组后，实行了教育体制三级管理，实施九年义务教育。之后，教育强区提到议事日程，标准化学校实现了全覆盖，高要一中、二中、新桥中学、实验中学等一批上规模的学校拔地而起，城区的小学、幼儿园校园宽敞优雅，镇级学校设施完善，实现现代化管理，成为广东省教育现代化先进区。二是医疗卫生体制改革效果显著。高要区人民医院原设在端州区，是一间规模不大的县属医院。1981年后，经过历年的改建、扩建、新建，现已是一间拥有四万多平方米建筑面积的规范医院。2015年，为了满足高要南岸城区居民的需要，增设了南岸分院。高要区中医院是随着新县城的设立而在南岸兴建的一所综合性医院，是改革开放的产物。此外，乐城、禄步、新桥、白土、金利等镇的中心卫生院也以硬件建设上档次，医疗设备完善，医护人员配备齐全而担负起镇级的综合医疗职能。此外，合作医疗全覆盖，解决了农民看病难问题。三是科学技术研究成果斐然。1993年，250多个科研项目中获奖236个。2006年到2011年期间，先后被评为全国科技进步先进市、全国科普示范市，被认定为“广东省可持续发展实验区”“广东省产学研结合示范县（区）”，金利、蚬岗、禄步、金渡四个镇为“广东省技术创新专业镇”。2011—2016年间，高要被认定为“国家知识产权试点城市”，连续两次获“全国科技进步考核先进县（市、区）”和四次获“全国科普示范县（市、区）”称号。四是扎实推进新农村、卫生村建设，成功创建省级卫生镇9个，省级卫生村473条，建成高要生态文明村885条，大大改善了农村环境和农民居住条件。老区乐城镇的社播村成为肇庆市社会主义新农村的示范村。

40年的改革开放大潮，改变了旧观念，树立了新思维，促进了“高要农业大县”向“工业强市”的观念大改变，进而促进了高要经济的大发展，2011—2017年，连续七年被评为“中国中小城市综合实力百强”“中国最具投资潜力中小城市百强”，2012—2015年，连续四年名列广东省县域经济综合发展力前五强。

第六节 老区建设

高要有革命老区镇两个，有革命老区村的镇四个，其中乐城、水南、活道、蛟塘四个镇是边远山区，白土、莲塘两个镇为半丘陵半山区，交通极为不方便，经济社会发展相对滞后。党的十七大报告指出“新民主主义革命的胜利、社会主义基本制度的建立，为当代中国一切发展进步奠定了根本前提和制度基础”，习近平总书记曾说，我们永远不要忘记老区，永远不要忘记老区人民，要一如既往支持老区建设。1978年十一届三中全会后，中国迈开了改革开放的步伐，随着各项建设事业的长足发展，老区建设也摆到各级党委、政府的日程上，先是成立了“高要县老区山区建设办公室”（简称“老建办”），1993年又组建了“高要县老区建设促进会”，研究、实施、促进革命老区的各项建设工作。

一、经济建设

革命老区地处边远山区，经济发展滞后。为此，2008年高要市委以高发办〔2008〕25号文印发了《高要市进一步加强革命老区建设工作实施意见》，推动老区经济社会发展。首先是重点发展老区的乡镇企业，培育工业园区、引进项目落户。蛟塘镇先后建起康成、沙田、新塘三个工业集聚基地，落户工业项目120多个，其中规模以上企业18家，使工业总产值和地方财政从后进跃居全区前列。活道镇因地制宜，规划106.67公顷土地建工业园，其中精细化工产业、五金塑料等企业将为该镇增加地方财政收入。莲塘镇坚持抓重点项目，培植经济增长支撑点，工业产值逐年增长，增强了地方经济实力。水南镇根据山多地少的实际，以生态资源型经济为方向，发展友好型工业和扶持民营企业。白土镇工业基地面积253公顷，建有宋隆、南马两个工业集聚基地，工业150多家。其次是发展现代农业和传统农业相结合的农村经济。高要历来是农业大县，而老区的经济又离不开农业经济，提高老区农业现代化程度，促进传统农业发展，是老区经济建设的重要部分，2003—2008年共投放了6257万元，进行农田水利的高标建设，投入29012.3万元进行农村电网改造。近年来，区政府重视专业种养，发展农村企业，扶持专业种养，培植名特产品，提高农业收益，拓展农村经济，1978年，农村经济收入为19269万元，到2017年已达到422.31亿元，增长219多倍。

二、基础设施建设

要发展老区，路通是至关重要的，所以，政府花大力气放在交通公路建设上。1994年3月，第十二届二次人大会议通过了《关于进一步帮助老区发展经济的议案》，其中一项是改善老区交通落后状况。会议之后，市人民政府及职能部门做好调研、规划，先后把县道活中线、罗沙线、新浮线（活道段）、江禄线、肇江线等老区主线进行了改造升级，把砂土路变为硬底化水泥路、沥青路。1995年，为进一步加快公路建设，市政府作出了奋战三年，实现高要公路“四通八达”的决定（即“四通八达”工程），要求村村通硬底化公路，到1997年，市、镇、村的高等级公路网络已经形成。接着，为了解决老区人民出行难问题，在全区范围内实施了自然村村道建设、改造。2004—2017年共投入资金14098.5万元，建成通车公路、村道442.4千米。不但解决了老区人民行路难问题，还给老区发展社会经济改善生活创造了良好的交通环境。

三、改造老区校舍

高要老区学校59所，校舍建设面积63007平方米。2002年，核查老区学校有危房的29所，危房破烂房面积9045平方米。根据省老促会规划，用三年时间对老区破危学校进行改造。到2004年，由省财政投入780万元，地方财政及社会投入200多万元，对活道鳌头村小学等26所老区学校进行了改造，建起26幢教学楼，建筑面积9970多平方米，解决了4800多名学生长期在破危教室上课的安全隐患，为老区教育营造了良好的环境。在乐城镇、水南镇投入418.93万元建教师公租房50套，解决老区教师住房，稳定老区教师队伍。

四、老区卫生院建设

2009—2011年，水南、乐城、活道、莲塘四间卫生院由省财政投入400多万元改造、新建了门诊楼和住院楼等医疗业务用房。水南镇卫生院因规模小、业务用房不足，曾一度并入乐城卫生院管理，造成了一个建制镇没有卫生院的状况。2009年，由省和地方投入130多万元，改造破旧门诊部，新建了住院楼，解决了水南群众看病难问题。此外，还投入1461.46万元建设老区卫生院医护人员、职工公租房122套，其中乐城卫生院24套，活道卫生院12套，水南卫生院6套，蛟塘卫生院12套，莲塘卫生院20套，白土卫生院48套。

五、扶贫“双到”，振兴老区村建设

高要区六个老区镇和有老区的镇共有扶贫对象1687户2992人。按省编写规范要求，时间表述要准确，最好有具体的年份，在实施“规划到户，责任到人”的扶贫工作中，采取多种形式，多条途径，各项措施积极帮扶。经两年攻坚努力，到2017年已全区脱贫8929人。在振兴乡村建设中，已建成新农村7条、卫生镇2个，乐城镇社播村成为社会主义新农村的示范村。

六、爱国主义教育基地建设

为弘扬老区精神，缅怀先烈，历届政府重视革命纪念碑，革命文物和革命旧址、遗址实施有效的保护和利用。2010年，投入160多万元对“高要县首届人民政府成立旧址”和“抗日自卫队旧址”进行了修葺，建成“高要区活道镇鳌头革命传统教育基地”。2014年投入295万元修葺乐城镇领村革命烈士纪念碑和新建“高要烈士墓园”，建成“肇庆市爱国主义教育基地”。此外，还用80多万元修葺水南花果山革命烈士纪念碑、分界烈士纪念碑、蛟塘镇的夏钗烈士纪念碑、白诸镇的反霸英雄纪念碑，让后人瞻仰。

七、文化建设

为丰富老区群众的文化生活，提高精神文明素质，自2002年始，先后投入600多万元建设文化广场和乡村文化室、农家书屋。

附一：2000—2017年老区建设事项实施情况表

建设事项名称	投入资金（万元）	完成时间	备注
乐城镇金鸡小学教学楼	25	2000年6月	
乐城镇银村小学教学楼	28	2000年9月	
水南镇文化中心	30	2000年	
蛟塘镇初级中学学生宿舍	82	2000年9月	
水南镇中心小学综合楼	38	2001年	
莲塘镇荷村小学教学楼	45	2002年1月	
莲塘镇波洞小学教学楼	16	2002年12月	
活道镇中心小学教学楼	27.6	2002年12月	
活道镇小学教学楼	29.4	2002年12月	
活道镇鳌头小学教学楼	29.4	2002年12月	
活道镇仙洞小学教学楼	26.4	2002年12月	
活道镇槎头小学教学楼	23.2	2002年12月	
活道镇水口小学教学楼	25.4	2002年12月	
莲塘镇山根小学教学楼	21	2003年1月	
活道镇中心小学教学楼	34.2	2003年4月	
莲塘镇迳口小学教学楼	30	2003年5月	
水南镇分界小学教学楼	45	2003年	
白土镇初级中学新生宿舍大楼	135	2003年5月	
白土镇塱鹤小学新教学楼	62	2003年7月	
活道镇改造中低产田6000亩	191	2003年8月	
蛟塘镇洞口小学教学楼	27	2003年12月	
乐城镇中心小学学生宿舍楼	119.3	2004年7月	
活道镇姚村小学学生宿舍楼	48	2004年8月	
活道镇姚村小小学教学楼	25.3	2004年8月	

（续上表）

建设事项名称	投入资金（万元）	完成时间	备注
老区镇乡村公路建设69.5千米桥梁1座	2105	2004年12月	
活道镇活道中学学生宿舍楼三幢	199	2005年1月	
水南镇中心小学学生宿舍楼	122	2005年	
蛟塘镇龙天禄小学教学楼	32	2005年7月	
活道中学教学楼	140	2005年8月	
蛟塘镇初级中学学生宿舍（2）	137	2005年9月	
莲塘镇龙塘小学教学楼	39	2005年9月	
白土镇第三中学教学楼	124	2005年8月	
白土镇第三中学学生宿舍楼	110	2005年9月	
莲塘镇坎头小学教学楼	30	2006年6月	
莲塘镇第二初级中学学生宿舍楼	152	2006年7月	
莲塘镇稔岗小学教学楼	10	2006年8月	
活道镇敬老院	56	2006年11月	
老区镇乡村道路建设44.1千米	1323	2006年12月	
活道镇祖坑村道	100	2007年3月	
活道镇首岭小学教学楼	19.6	2007年8月	
乐城镇敬老院	58	2007年8月	
老区镇乡村道路建设19.6千米	1038	2007年12月	
蛟塘镇敬老院	65	2008年6月	
活道中学饭堂	19	2008年6月	
蛟塘镇初级中学食堂	56	2008年8月	
老区镇乡村道路建设44千米	1163	2008年12月	
水南镇卫生院综合楼	115	2009年6月	

（续上表）

建设事项名称	投入资金（万元）	完成时间	备注
蛟塘镇闸马塱改造中低产田6300亩	520	2009年7月	
白土镇宋隆中学综合楼	291	2009年12月	
老区镇乡村道路建设47.5千米	1305.5	2009年12月	
乐城镇中心小学学生宿舍楼	144.4	2010年6月	
乐城镇初级中学学生宿舍	153.5	2010年7月	
乐城镇初级中学综合楼	467.1	2010年8月	
水南镇水南敬老院	50	2010年9月	
老区镇乡村道路建设28千米	788	2010年12月	
活道镇卫生院住院楼	238	2011年3月	
蛟塘镇初级中学综合楼	191	2011年8月	
蛟塘镇中心小学综合楼	424	2011年8月	
蛟塘镇中心小学学生宿舍楼	354	2011年8月	
白土镇初级中学综合楼	299.6	2011年11月	
老区镇乡村道路建设45.6千米	1554	2011年12月	
白土镇廉租房	161.4	2012年5月	
水南镇中心幼儿园综合楼、球场	135	2012年	
水南镇初级中学综合楼	302	2012年	
乐城镇卫生院门诊楼	319	2012年8月	
水南镇分界烈士纪念碑（重建）	15	2012年11月	
水南镇花果山烈士纪念碑（修葺）	26	2012年12月	
活道镇活道中学科学楼	397.8	2012年12月	
老区镇乡村道路建设12千米	657	2012年12月	

（续上表）

建设事项名称	投入资金（万元）	完成时间	备注
老区镇农村电网改造	2633	2012年12月	
莲塘镇罗勒教学点教学楼	313.8	2013年8月	
莲塘镇初级中学教工宿舍楼	120.6	2013年8月	
莲塘镇初级中学学生食堂	194.6	2013年8月	
莲塘镇初级中学实验楼	405	2013年8月	
莲塘镇初级中学科学楼	561	2013年8月	
莲塘镇初级中学1号教学楼	502.5	2013年8月	
莲塘镇初级中学2号教学楼	613	2013年8月	
老区镇乡村道路建设29.7千米	1039.5	2013年12月	
老区镇农村电网改造	1769	2013年12月	
蛟塘镇高标准基本农田建设1万亩	1200	2014年3月	
蛟塘镇修葺合山夏钗烈士纪念碑	8	2014年6月	
乐城镇高要烈士陵园乐城烈士墓园（修葺、扩建）	319	2014年8月	
蛟塘镇深水塱中低产田改造（0.63万亩）	748	2014年9月	
活道镇上迳片中低产田改造（0.73万亩）	858	2014年9月	
乐城镇仙人坑村道	160	2014年10月	
蛟塘镇文体广场、文化室	91	2014年月	
蛟塘镇卫生院公租房	128.31	2014年11月	
老区镇乡村道路建设22.9千米	933.5	2014年12月	
老区镇农村电网改造	3452	2015年6月	
莲塘镇卫生院公租房	195.9	2015年6月	

（续上表）

建设事项名称	投入资金（万元）	完成时间	备注
活道镇卫生院公租房	184.12	2015年9月	
蛟塘镇竹围村等高标准基本农田建设	924	2015年12月	
老区镇农村危房改造	391.2	2015年12月	
老区镇乡村道路建设20.5千米	920	2015年12月	
活道镇牛围至文塱村道	160	2015年12月	
活道镇高标准农田建设（0.6万亩）	528	2016年5月	
蛟塘镇高标准农田建设衬砌渠道16.24千米	528	2016年5月	
老区镇农村电网改造	5584	2016年6月	
白土镇文化广场	80	2016年10月	
老区镇乡村道路建设，乡道11千米，县道3千米	1020	2016年12月	
老区镇农村危房改造	589.8	2016年4月	
活道镇中心小学学生宿舍	259.5	2016年5月	
白土镇卫生院公租房	367.3	2016年6月	
水南镇卫生院公租房	93.5	2017年	
乐城镇老师公租房	253.2	2017年9月	
白土镇中心卫生院职工公租房	367.32	2017年8月	
白土镇村级文化广场（塱鹤村）	15	2017年10月	
莲塘镇文化室	35	2017年	
莲塘镇文体广场、文化室	85	2017年	
活道镇文化广场、文化室	50	2017年	
水南镇文化广场、文化室	71	2017年	

（续上表）

建设事项名称	投入资金（万元）	完成时间	备注
老区镇乡村道路建设9千米	420	2017年12月	
老区镇农村电网改造	10116	2017年12月	
水南镇初级中学运动场	263	2017年	
水南镇教师公租房	230	2017年	
水南镇干部周转房	194.5	2017年	
蛟塘镇村村通自来水工程	608	2017年12月	

（注：此表由有关单位填报整理）

附二：老促会工作录（2000—2018）

2000年

8月16日　召开老促会换届会议，陈福任理事长，顾问：胡煊、简桂华，谢平任秘书长。

2001年

1月5日　召开老区建设工作会议，传达省老促会会长座谈会精神，市委、市政府要求老促会在农业布局调整、老区公路建设等做好调研和协助工作。

6月6日　老促会到活道、莲塘、乐城对老区人民生活调研。

11月9日　肇庆市老促会召开各县（市、区）老促会座谈会，就危校调研和老区发展工作进行了研究。高要老促会谢平副会长兼秘书长参加。

2002年

10月22日　肇庆市老促会来我市活道、蛟塘、莲塘检查老区破危学校改造情况，就进度、质量、安全、资金等提出了意见和建议。

11月11日　肇庆市老促会、财政局、教育局到高要检查老区危校改造进展等情况。

2003年

1月21日　召开年终总结座谈会，陈福理事长传达省老促会惠州会议情况，并总结高要老区建设工作情况。

4月18日　肇庆市老促会到高要复查学校危房情况，争取莲塘坎头小学、蛟塘合山小学列入改造指标。

3月20日　肇庆市老促会在四会召开有建设局、教育局、财政局参加的联席会议，研究加大力度改造危校工作。

6月3日　肇庆市老促会高要调研，对乐城银村小学、金鸡小学、小湘的上围小学、莲塘的坎头小学、白诸的白沙小学、禄步的三水小学和蛟塘的合山小学的改危工作提出意见建议。

12月5日　老促会到乐城、禄步、小湘、白诸检查危校改造工作进展情况。

2004年

1月5日　老促会理事会议，研究第三批危校改造规划和第四批“麻雀”学校改造工作。

8月3日　肇庆市老促会到高要姚村小学、龙天禄小学调研破危情况，争取列入省“危校改造”计划。

8月19日　省老促会常务副会长方刚来高要检查危校改造工作。

8月25日　市委办、宣传部、党史办、扶贫办、老促会和活道镇委领导由市委常委苏女带领到活道镇鳌头革命传统教育基地调研，对完善基地的建设工作进行了研究。

9月14日—15日　老促会到蛟塘花根坪、白土马安村、宋隆中学和活道鳌头、水口、大端、姚村、祖坑等调研革命遗址状况。

9月22日　老促会理事会议，陈福理事长通报了近年老促会工作，并对老区祖坑、横江、坪岭等村的交通公路改造工作进行了研究。

10月14日　肇庆市老促会到高要活道等老区镇对老区农村硬底化村道建设调研，争取省专项资金支持，解决老区人民行路难问题。

10月19日　老促会会同教育局、关工委等到禄步中心校对建立“思源室”调研。

11月25日—26日　肇庆市老促会在封开召开各县（市、区）老促会会长座谈会，就老区建设工作进行了研究。高要老促会陈福理事长、谢平秘书长参加。

2005年

3月14日—17日　省老促会在怀集召开理事长暨《源流》联通站站长座谈会，研究如何办好和发行《源流》杂志工作，高要老促会副理事长兼秘书长谢平参加。

7月12日—15日　省老促会常务副会长方刚、肇庆市老促会常务副会长周子扩到高要蛟塘、活道检查龙天禄小学、姚村小学教学楼的建设情况。

9月16日　肇庆市召开老区破危学校改造总结大会，高要列入改造的26所小学教学楼全部完成，争取省财政投入780万元。

10月26日　老促会先后到老区各镇卫生院调研。

10月1日　召开高要老区卫生院院长座谈会，为做好老区卫生院现状的调研工作进行了研究。

2006年

2月22日　肇庆市老促会常务副会长周子扩、副会长杨杏培到高要蛟塘镇，对如何发展老区经济、建设社会主义新农村作专题调研。

11月28日　肇庆市老促会召开理事长座谈会，传达省老促会河源会议精神及研究下年度老区建设的主要工作。陈福、谢平参加。

2007年

4月24日　肇庆市老促会召开关于换届工作座谈会，高要老促会陈福、胡煊参加。

8月13日　肇庆市老促会到高要老区活道镇对老区人民的生活现状作调研。

9月29日　老促会工作座谈会，市委组织部部长宣读黄建诚任老促会会长的决定。

10月11日　肇庆市老促会召开老区宣传工作会议，黄建诚会长参加。

11月15日　高要市委召开老区工作会议，要求老促会结合实际，确立工作重点，并要求媒界做好宣传老区精神工作。

11月25日　肇庆市老促会、卫生局到高要调研老区各镇卫生院基础设施和医疗运作情况。

2008年

2月2日　肇庆市老促会召开各县（市、区）老促会会长座谈会，高要老促会黄建诚会长参加。

4月25日　老区20名贫困户青年到肇庆市技校培训，学制三年，学杂费全免。

5月15日　为纪念粤桂湘边纵队成立60周年，高要老促会召开征集禄步、水南、乐城、河台革命斗争史料和革命文物座谈会。

7月29日　省老促会在怀集召开老区宣传工作会议，肇庆市老促会同时套会，就加强宣传老区精神、加快老区建设进行了交流、研究。高要老促会黄建诚会长参加。

8月8日　老促会召开理事会议，传达省老区宣传工作会议精神，黄建诚会长主持并传达，市委常委莫汝坚要求认真学习、统一思想，加大对老区的宣传力度。

8月15日　老促会办公会议，研究抓好修葺县人民政府成立旧址、分界烈士纪念碑和规划老区镇卫生院、公路建设，落实老区青年培训选送等工作。

9月24日　肇庆市老促会来高要调研，对贯彻中央两办文件精神和老区公路建设、泥砖房改造、饮用安全卫生水、卫生院业务用房建设等提出意见、建议。

10月16日　省老促会领导方刚、刘良荣等到高要指导工作，副市长黄志强陪同。

11月10日　肇庆市老促会到高要研究在高要召开肇庆市各县（市、区）老促会会长现场会的筹备会。

12月2日—3日　肇庆市老区建设工作现场会在高要召开。肇庆市老促会常务副会长主持，高要市委常委莫汝坚致词，介绍高要近年经济社会发展情况，肇庆市各县（市、区）老促会会长参加了会议。

12月18日　市老促会驻会人员黄建诚、谢平、杜亚滔等到活道召开老区建设工作座谈会，活道、莲塘、蛟塘镇委分管老区建设工作领导参加座谈，讨论了城镇建设、交通建设和饮用安全水等基础设施建设问题。

2009年

2月25日　肇庆市老促会到高要督查老区建设工作，市委常委莫汝坚，老促会会长黄建诚参加督查座谈会，农业局、卫生局、水利局、交通局、扶贫办等部门汇报了老区建设情况。

6月5日　市老促会召开老区建设工作会议，黄建诚会长传达肇庆市老区工作会议精神和通报高要上半年老区建设项目实施情况。

6月24日　肇庆市老促会到高要调研，察看了乐城、水南卫生院的业务用房和了解老区群众饮用安全水问题。

7月8日　老促会到活道、蛟塘镇调研，对村民住房、学校危房和饮水等问题进行了实地察看，为作改善规划征集意见。

7月10日　市委宣传部组织有关部门到活道的革命遗址、旧址调研。察看了位于鳌头村的首届高要县人民政府成立和抗日自卫队旧址，并形成共识，提出了修葺方案。

9月17日　老促会在活道镇召开理事会议，察看了高要县首届人民政府成立旧址、抗日自卫队旧址。黄建诚会长通报了高要上半年老区建设情况，提出革命旧址的修葺意见。

12月8日—9日　肇庆市老促会召开会长座谈会，省老促会常务副会长方刚到会指导，高要老促会黄建诚会长参加。

2010年

1月26日　肇庆市老促会会长李均林、高要市老促会会长黄建诚到活道迳心村探望、慰问贫困户。

11月24日—26日　肇庆市老促会召开老区建设工作会议，省老促会常务副会长方刚到会指导，高要老促会黄建诚会长、谢平副会长参加。会议指出，老促会要想老区人民所想，协调有关部门联动，解决老区人民看病难、饮水难等问题。

12月24日　召开高要老区建设工作会议，梁凯明副会长主持，黄建诚会长传达省、肇庆市老促会会长座谈会精神，副市长李中华讲话，会议研究了2011年老区建设事项的规划。

12月28日—30日　省老促会召开《源流》杂志办刊工作会议，高要老促会谢平副会长参加。大会期间，交流了各地发行工作的经验，为办好《源流》献策。

2011年

4月29日　肇庆市老促会召开老区工作调研会，为配合中国老促会开展大调研作准备，高要市委办领导和老促会会长参加。

5月10日　高要市委召开老区建设工作会议，各镇分管老区工作的领导和有关部门的领导，老促会理事参加，主要内容是配合全国老促会大调研做好有关各类材料的编制、填写工作。

6月1日　省、肇庆市老促会到高要检查“全国老区大调研”的工作，市委办陆富文副秘书长主持，各镇领导汇报了老区的基本情况和老区建设的主要工作情况。

8月17日—18日　老促会调研老区各镇卫生院现职医务人员住房问题。

8月31日　肇庆市老促会到高要调研，对老区各镇卫生院业务用房、医疗设备、医护人员住房等作了实地察看，听取汇报，座谈交流。

9月17日　省老促会到高要调研，主题是如何解决老区各镇卫生院医护人员、职工住房难问题。省老促会常务副会长方刚，副会长郑木胜、肇庆市老促会会长李均林参加调研。邓锐明副市长主持座谈会，高要卫生局、各镇委领导，卫生院长参加座谈。

11月3日　肇庆市老促会召开老区建设工作会议，黄建诚会长参加。

2012年

8月1日　肇庆市老促会、卫生局到高要调研，听取高要卫生局对老区各镇卫生院职工住房现状的汇报和到莲塘、蛟塘镇卫生院实地察看职工的住宿环境。

8月9日　老促会驻会人员到活道迳心村调研贫困农户，拟订帮扶方案。

10月26日　高要英烈墓园建设方案征询会在乐城召开，老促会副会长谢平、秘书长杜亚滔参加。

11月21日　肇庆市老促会到高要卫生局调研，了解老区卫生院职工住房建设进展情况。

12月28日　肇庆市老促会召开年度工作总结会议，黄建诚会长参加。会议对下年度老区建设工作提出了要求：把握时机，抓准定位，规划项目，争取资金。

2013年

3月26日　肇庆市老促会到高要调研，主要是加快乐城爱国主义教育基地建设的规划。

5月15日　肇庆市老促会召开老区建设工作会议，谢平副会长参加，对继续跟进的12项，争取支持的23项和可行性研究的8

项建设事项的实施情况作了汇报。

6月27日　杜亚滔秘书长参加肇庆市卫生局关于解决老区镇卫生院职工保障房建设座谈会。

7月12日　肇庆市老促会召开老区建设“三个一批”工作会议，实施老区建设“三个一批”项目，肇庆市李天副市长、市委组织部黄建勋部长参加并作了讲话。谢平副会长、杜亚滔秘书长参加会议。

8月7日　省、市老促会领导方刚、陈端到高要指导老区工作。

8月23日　市召开老区建设工作会议，邓锐明副市长要求有关部门按照今年老区建设“三个一批”项目实施，抓立项、抓速度、抓质量，如期完成。

12月27日　黄建诚会长、谢平副会长参加肇庆市老区建设工作会议，明确老促会要围绕中心、服务大局、建言献策、促进发展、改善民生开展工作。

2014年

4月22日　市老促会召开理事会议，副市长刘志能参加并讲话，黄建诚传达省老促会会长陈开枝讲话精神和通报2013年老促会工作情况。

9月25日　肇庆市卫计局到高要督办老区镇卫生院公租房建设情况，实地察看莲塘、蛟塘公租房建设工地。

9月26日　肇庆市老促会到高要乐城检查烈士墓园建设情况。

4月15日　肇庆市人民政府督导组11人到高要督察老区镇卫生院职工保障房建设的实施情况。邓锐明副市长作汇报。

10月17日　高要老促会到莲塘镇波洞、罗勒和蛟塘镇调研村民饮水改造工程实施情况。

2015年

4月1日　肇庆市老促会到高要对村道建设、危桥改造、电网改造、公租房建设、饮水工程等事项调研。高要老促会黄建诚、谢平等陪同。

6月17日　肇庆市老促会到高要检查2015年度老区建设事项的实施情况。陈端会长提出要依靠党委、政府，制订实施方案，密切依靠部门落实年度老区建设事项的要求。

7月10日　老促会召开理事座谈会，研究如何落实年度老区建设事项工作，提出五要：要提高认识，要高度重视，要协调联动，要抓好进度和要有专人负责。

12月30日　黄建诚参加肇庆市老促会年终总结座谈会，汇报了老促会工作和2015高要年度老区建设事项实施情况。

2016年

3月7日　市老促会到水南调研，对山寮、黄牛湾村道、廖村灌渠、圩镇危桥和教师解困房等实地考察。

4月13日　肇庆市召开老区建设工作会议，高要列入本年度老区建设事项八宗，涉及村道改造、电网改造、教师公租房建设、农田基本建设和精准扶贫等。

6月29日　肇庆市老促会到老区镇检查年度老区建设事项实施情况。

9月27日　老促会秘书长杜亚滔、副秘书长黄木生参加肇庆市老促会召开的宣传工作会议，西江报社记者到会指导撰写新闻报道知识，省《源流》杂志总编谢佚芳到会辅导。

10月17日　肇庆市老促会到高要老区镇检查老区建设事项实施情况。

10月27日　肇庆市人民政府督导组到高要检查老区建设事项实施情况，陈志刚副区长参加检查并对老促会的工作表示肯定。

11月9日　老促会到莲塘、活道、白土、蛟塘和水务局、供电局、农业局等单位调研，为制订2017年老区建设事项规划提供依据。

2017年

1月5日　肇庆市老促会召开年度总结会，高要区老促会秘书长杜亚滔、副秘书长黄木生参加。

3月10日　肇庆市老促会陈端会长到高要区调研，了解老促会换届工作和年度老区建设项目的规划情况。

5月24日　肇庆市老促会到高要区莲塘、蛟塘镇察看产业扶贫项目，对产业带动扶贫的做法表示赞许，可总结推广。

6月27日　省老促会陈开枝会长到高要调研，陈志刚副区长汇报了高要老区建设工作和扶贫工作的情况。

2018年

1月8日　谢平副会长、黄木生副秘书长参加肇庆市老区建设工作会议，会议要求围绕扶贫开展工作，要压实攻坚责任，抓好项目资金到位和政策落实。

3月29日　肇庆市老促会召开老区工作座谈会，对扶贫攻坚、建设新农村、编纂老区发展史等座谈交流。谢平、黄木生参加座谈会。

5月16日　省《源流》杂志总编谢佚芳和记者等四人到高要采访，对高要的扶贫工作、社会主义新农村建设和开辟乡村旅游高度评价。

5月22日　省老促会陈开枝会长等来高要调研，副区长陈志刚陪同到白土、莲塘察看了古村落的保护开发和种植扶贫项目。在有关部门领导的座谈会上，陈开枝会长指出，高要经济基础好、人文基础好，要加以利用。

6月21日　省《源流》杂志社编辑部副部长刘芳等三人采

访，莲塘镇特色产业典型，参观了上察村养龟、养虾场、汇龙农业等特色种养业，召开了种养建筑业专业户代表座谈会，表示要推广高要特色产业的好经验。

10月17日　肇庆市人民政府老区工作督察组来高要检查2018年度老区建设事项的实施情况，谢平副会长汇报，陈志刚副区长讲话。督导组实地察看社会主义新农村和教师公租房，对高要老区建设事项的扎实实施表示满意。

附　录

附录一 革命旧址、遗址和革命纪念碑

一、高要县首届人民政府旧址

1949年5月25日，高要县首届人民政府在活道镇鳌头村的朝客伍公祠立本堂成立。县长冯燊、副县长陈普初。

立本堂为两层西式建筑，首层大厅，正面四条圆柱伫立，三开拱门。二层为一厅一房，前有三扇拱窗，正面装饰壁画颇有西式特色。该楼建于20世纪30年代，因年久欠修，瓦面和二楼木板已坍塌。2003年进行了修葺，以修旧如旧的原则，由原来的砖瓦木结构改为钢筋水泥结构，而正面的西式装饰保留原貌不变。2005年，投入160多万元把该旧址建成爱国主义

高要县首届人民政府旧址——鳌头村伍氏宗祠

高要县首届人民政府旧址——鳌头村全景

高要县首届人民政府办公室——立本堂

一、县工委

中共高要县工委书　记：李法

副书记：吴耀明

委　员：叶琪　陈普初

二、县政府

高要县人民政府县长：冯光

第一副县长：李法

副县长：陈普初

四区指导员：郭权

五区指导员：陈非

县政府民政科长：陈普初（兼）

财粮科长：伍子高

教育科长：刘汉

高要县首届人民政府主要领导成员

教育基地，在立本堂首层大厅改为议事厅，另一侧恢复县长办公室原貌。二楼展出高要革命斗争史料的图片和革命文物，供游人参观，及接受爱国主义教育。

二、鳌头村抗日自卫队旧址

1944年夏，鳌头村抗日自卫队成立，队长伍鉴衡，队址设在世德堂。自卫队成立后，对进犯的日寇进行武装还击，保护了村民不受伤害。同时，自卫队也成立了情报站，自卫队队员同时也是情报员，为要南地区和高明各地的游击队和地下交通站传递情

鳌头村抗日自卫队旧址

报。新中国成立后，自卫队队部用作鳌头学校办公室。

世德堂为三开间的砖瓦结构建筑，因年久欠修而成为危房。2005年，高要市人民政府投入160多万元，与高要县首届人民政府旧址一起进行了修葺，建成高要区活道镇鳌头爱国主义教育基地。修葺一新的抗日自卫队旧址设有“初心堂”，大厅正面挂中国共产党党旗和共产党员入党宣誓誓词。两侧为中国共产党领导人的画像和中国共产党历程的图片。两厢展出高要抗日斗争图片，是青少年接受革命传统教育的好教材。

三、领村农民协会遗址

1925年5月端源乡农民协会成立，会址设在领村陈氏宗祠。农民协会的执行委员长为谢大德，秘书长伍国辉，执行委员伍腾洲。农民协会成立后，开展了减租减息等一系列与地主土豪斗

高要农民运动的策源地领村

农军驻地旧址——领村炮楼

领村革命博物馆（农民自卫军总部旧址）

争活动，有力地震慑了反动势力的嚣张气焰。

领村农民协会旧址陈氏宗祠为一座三间原木土坯房，为高要革命文物保护单位，也是高要农民运动革命陈列馆。馆内陈列着农民运动人物群雕和犁头旗，农军使用了的刀枪、斗笠、衰衣、证章、文件等革命文物。同时，设在领村的农军驻地已经倒塌，已成遗址。

领村农民自卫军宿舍

四、花根坪地下交通站旧址

1948年，要南武工队在现蛟塘镇的花根坪村设立地下交通站，加强对白土方向情报的搜集和传送。有名叫“石公”李石养的交通员，以捕鸟为名，经常出入于白土圩镇官宦和地主家中探听消息，把收集的情报及时送递武工队。其时，三区区长武工队长林源也住在花根坪。

花根坪交通站原为一间平房，现改建为花根坪村酒堂，前面悬挂“要南游击区花根坪交通联络站”牌匾，以作革命回忆。

五、高要革命烈士纪念墓园

高要有着悠久的革命历史和光荣的革命传统。第一、二次国内革命战争时期，在中国共产党的领导下，高要人民成立农民协会，组织农民自卫军，高举“犁头旗”，与地主豪绅反

高要革命烈士纪念墓园

动势力展开了英勇顽强的斗争，从根本上动摇了当地封建势力的统治基础，用鲜血和生命谱写了农民革命历史的新篇章。抗日战争时期，面对凶残的日本侵略者，高要热血男儿视死如归，英勇杀敌，留下了可歌可泣的壮烈诗篇。解放战争时期，高要人民武装依靠群众，壮大队伍，打击反动势力，扩大游击根据地，实施“饮马西江”战略，于1949年10月配合南下大军胜利解放高要。在这场波澜壮阔的战争中，30多名高要英烈名垂青史。中华人民共和国成立后，高要有志青年踊跃参军，在抗击侵略者、保卫祖国的抗美援朝和对越自卫还击战中不怕牺牲，浴血奋战，赢得了国家、民族的尊严和荣誉。在社会主义建设中，40多位高要优秀儿女为维护国家利益献出了宝贵的生命。这些鲜活的英雄事迹，成为了激励后辈为实现中华民族伟大复兴而不断奋进的强大精神动力。

为缅怀英雄，告慰忠魂，中共高要市委、高要市人民政府决定修建高要英烈墓园。墓园坐落在乐城镇领村圆岗山上，距高要城区约60公里，占地19.83亩，其中墓园园区13亩。2013年3月动工兴建，2014年8月竣工。墓园前屹立着“领村革命烈士纪念碑”，园、碑连成一体，成纵轴格局。烈士陵墓依山层级递上，共11排，106位英烈忠骸安葬于此，其中伍行权、赖锦荣等18位为第一、二次国内革命战争时期英烈，吴德荣、吴友等2位为抗日战争时期英烈，吴文进、伍信等12位为解放战争时期英烈，赵群友、陆朗等38位为抗美援朝战争时期英烈，梁八娣、林贵权等8位为对越自卫还击战时期英烈，梁伟均、张瑞昌等28位为和平建设时期英烈。

墓园落成，烈士安息；英雄精神，永垂不朽！

六、领村革命烈士纪念碑

领村革命烈士纪念碑

领村革命烈士纪念碑是为纪念在第一、二次国内革命战争时期献出宝贵生命的120位革命先烈而修建的。

20世纪20年代初，中国共产党领导的高要农民运动风起云涌，反帝、反封建、反压迫的革命浪潮席卷高要大地。1924年10月，高要最早的农民协会——端源乡农民公会在乐城领村诞生，犹如星星之火，引燃了全县农民运动的燎原之势。1925年4月，端源乡农民公会改称端源乡农民协会，并组建了农民自卫军。是年秋，高要二区农民协会又在领村宣告成立。组织起来的农民向地主豪绅展开了减租减息斗争，冲击了传统的乡村秩序。

然而，地主豪绅为了维护自身利益，组织“同善社”等反动组织与农会对抗，妄图扑灭农民革命的火焰。1926年1月，高要漾源罗建等乡的地主反动势力纠集广宁、德庆反动民团、神打仔、土匪进攻领村，农民自卫军奋起应战，终因敌我力量悬殊而失利，领村、波河、料村等地被匪徒洗劫一空，100多名农民自卫军和农会会员被打死、打伤，200多间民房被烧毁，450多头耕牛、生猪被抢，村民露宿山头，处境艰难。这就是当年震惊全省的“高要惨案”，又称“领村事件”。事发之后，中共广东区委、中共西江地委和驻肇庆的叶挺独立团高度重视，叶挺亲率该团第二营进驻领村附近的伍村，会同农民自卫军和随后增援的第三营官兵打败地主武装，惩办了罪魁祸首，顺利解决领村事件。

1926年9月，反动民团、土匪不甘失败，分两路再次围攻领村，农民自卫军奋起迎战，一举将其击溃。1927年8月，中共西江特委和高要特别支部拟在领村举行秋收暴动，驻肇国民党军纠合高要、广宁、德庆3县联防民团共7000多人围攻领村，农民自卫军多次打退敌人的进攻，与敌激战4昼夜后，为保存有生力量，与领村群众巧妙突围，粉碎了敌人妄图消灭农民自卫军的阴谋。领村农民前仆后继，英勇奋斗，在高要农民革命史上留下了一笔浓墨重彩。

为纪念伍腾洲、聂文波、谢忠等120位在第一、二次国内革命战争时期为人民的解放事业而献身的革命烈士，1958年3月，高要县人民政府在乐城领村长岗山上修建了“领村革命烈士纪念碑”。纪念碑园区占地7.78亩，碑座高2.68米，碑体高11.1米，正面嵌“领村革命烈士纪念碑”9个行书大字，背面为“永垂不朽”题字。该碑先后于1972年、1980年和1999年进行了修缮。1989年被确定为“高要县文物保护单位”，2000年被列为“肇庆市爱国主义教育基地”。2014年改建园区，新建高要英烈墓园。

领村革命烈士纪念碑与高要英烈墓园前后呼应，形成纵轴布局，气势磅礴，庄严肃穆，是缅怀先烈、激励后人的革命纪念圣地。

七、分界革命烈士纪念碑

1947年农历五月初八，已面临全面崩溃的国民党军队，一股窜入广宁县、高要县交界境地即高要县水南区（镇）分界乡（村）一带。瑞江支队的游击队员奉命前来歼匪。在激烈的战斗中，李火妹、罗监、陈建兴三位

分界革命烈士纪念碑

同志壮烈牺牲。为了纪念这三位烈士，1966年9月，高要县水南分界大队党支部、分界大队管委会、分界大队贫协委员会、分界大队四清工作队共同在水南分界村以北的豆坪岗（也称头坪岗）建起一座“分界革命烈士纪念碑”，铭记这三位永垂不朽的革命烈士。该碑于2012年12月进行重修，使之更加庄严肃穆。

八、花果山革命烈士纪念碑

1949年农历八月二十六日至二十七日，一支约一万多人的国民党军队逃窜到高要水南圩。中国人民解放军约700多人在敌后追击。二十七日上午11时左右，在水南清湾口，解放军先锋队越过水南河向水南圩直冲，后续部队垒起堆放在清湾口的一笠笠香粉作掩体，向国民党军射击，掩护先锋队过河，战斗异常激烈。当先锋队员登岸正冲进水南圩之际，当场牺牲了八名战士。经过一番激烈战斗，人民解放军先锋队占领了水南圩。此时，各路部队也继续在各个山顶与敌展开激战，敌人在解放军居高临下和夹击下，纷纷败退逃跑。这场战斗从当天上午11时至下午5时结束。残敌狼狈地向高要禄步方向败逃，人民解放军解放了水南镇。姜秀生连长和徐培桂等12位战士就是在解放水南这一战斗中壮烈牺牲的。

花果山革命烈士纪念碑

为了歌颂这些烈士英勇善战和其奋不顾身的英雄气概，表达党和人民对烈士们的崇高敬意，1966年5月，中共高要县水南公社委员会在水南花果山（地名）之巅建起一座水南“花果山革命烈士纪念碑”。1973年12月27日重建。2012年10月重修。碑文如下：

双手创共和，未到升平终有恨，一心为主义，现来立碑等身存。呜呼开天辟地神威，用鲜血凝成的革命先烈纪念碑，巍然展在眼前。万恶不赦的人民公敌蒋介石，勾结官僚地主豪绅，黑白一体，凶狠残暴统治旧中国，变成人间地狱，人民处于水深火热之中，到处高租重债，敲诈勒索坏事做绝。

在正确英明的中国共产党和毛主席领导下，唤起工农千百万，同心干。无产阶级革命洪流席卷全国。蒋匪帮处于全面崩溃，四面楚歌。一九四九年农历八月二十七日，革命先烈们奋不顾身，前赴后继，以气吞山河之势，追剿四散逃窜的国民党匪兵，开赴水南境地，发扬我军威武忠贞不屈的革命传统，以勇猛的战斗精神，冲锋肉搏，在作战中牺牲的革命先烈们以停止呼吸前流尽最后一滴血的顽强战斗意志，把残敌全部彻底歼灭之。解放水南全境，在冲锋作战中光荣牺牲了姜秀生连长暨徐培桂等一十二位革命烈士，他们挥戈杀敌，为了贫苦人民解放，冒枪比弹雨，忍风霜饥寒，抛光颅、洒热血，为革命殉难，为共产主义尽忠。烈士们的战斗精神、立下丰功伟绩，永垂不朽。英雄们的尽忠报国、捐躯的崇高品德，万古名芳。谨立此碑而悼念。让我们在建设社会主义和共产主义的壮丽事业中，高举他们的旗帜，踏着他们的积压迹前进吧。

九、反霸英雄纪念碑

新中国成立初期，刚建立的我国农村政权经常遭到被推翻的地主阶级和封建势力的袭击和破坏。1950年5月29日（农历四月十三日），白诸上孔村的反动地主恶霸勾结匪首冼蔚周、土匪头狗虱仔、孖烟通等二十多个匪徒，武装洗劫上孔村农民协会。农民协会干部冼德祥、冼其昌、钟永佳、冼祖元等带领民兵奋起反击。民兵钟念纯在激战中受重伤，在送去肇庆抢救途中死亡。另一名民兵冼荣光在战斗中中弹受伤，经抢救脱离生命危险。而冼德祥、冼其昌、钟永佳、冼祖元四人被凶残的土匪劫押到白诸云河村观音山顶进行严刑拷打，最后用大石捆绑在四人身上推落悬崖深谷而壮烈牺牲。

反霸英雄纪念碑

1950年7月14日，高要县第二区人民政府及三堡乡上孔村村民为了纪念这五位反霸英雄，在上孔村前的晒地中央建起纪念碑，让后人瞻仰。

2013年4月，高要市人民政府择址重建。新建的纪念碑园，占地3070平方米，碑高6.05米，其中基座1.65米，碑塔4.4米，正面刻有“反霸英雄纪念碑”题字，基座为石刻碑文。前面是广场，周围松柏青翠，整座墓园庄严肃穆。碑文如下：

> 地主阶级阻止我们穷苦农民的翻身运动，曾于本年五月二十九日晨（农历四月十三日）勾结冼蔚周等二十多个匪徒，在我区上孔阴谋暴动，将农会主席冼德祥、组织委员钟永佳、武装委员民兵队长冼其昌、冼祖祥、组织委员钟永佳、武装委员兼民兵队长冼其昌、冼祖元等四位反霸领袖，掳去杀害于云河山上。在战斗中民兵钟念纯同志因重伤不治殉职。为了纪念这五位坚贞英勇光荣牺牲的烈士，我们特立此反霸英雄纪念碑，以志永不忘此仇此恨。
>
> 五位烈士的精神永垂不朽！

十、夏钗烈士纪念碑

夏钗烈士纪念碑

1946年10月，夏钗参加了共产党领导的游击队，担任过游击队领导，同时加入了中国共产党，新中国成立后，担任高要县第六区（回龙区）土改工作队政治指导员。1950年农历四月初三晚，夏钗同志开完会议后到三江旧村完成矛盾调解工作，因工作需要回合山村，当他路经龙围顶（土名）时，突然遭到地主反动武装袭击，致身三处中弹而壮烈牺牲，时年21岁。

回龙区党委和政府为纪念夏钗烈士，于1950年在他牺牲地建立了“革命烈士夏钗同志之墓”，1976年重修，1979年5月20日，把该墓迁址至蛟塘镇合山村西南面建立夏钗烈士纪念碑，高要市人民政府于2014年6月重新修缮。

附录二 革命文物

一、高要农运时期农军使用的文物

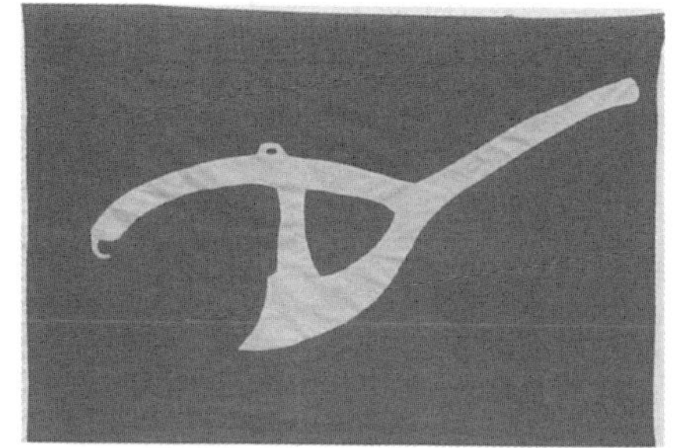

农民协会会旗

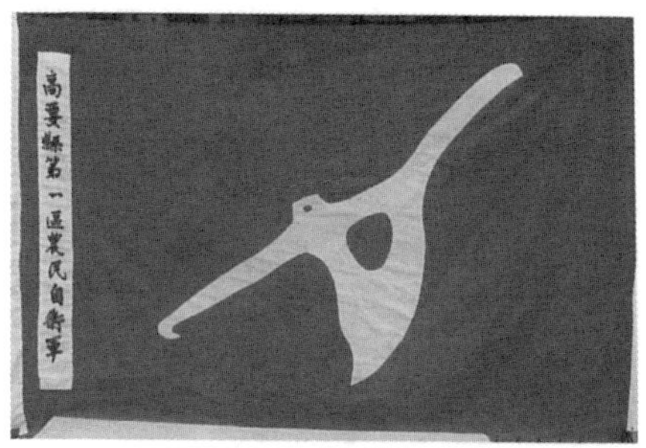

农民自卫军军旗

领村农民自卫军出入证

农会临时会员证

广东省农民训练所毕业证章

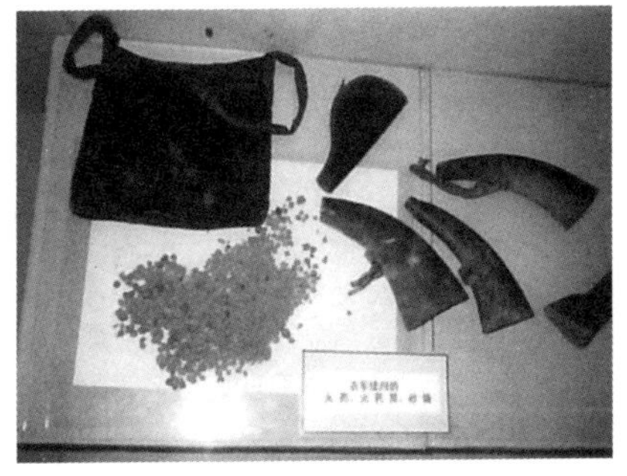

农军使用的火药、火药筒、砂袋

农军雨帽

二、高要农运时期农军使用的武器和物品

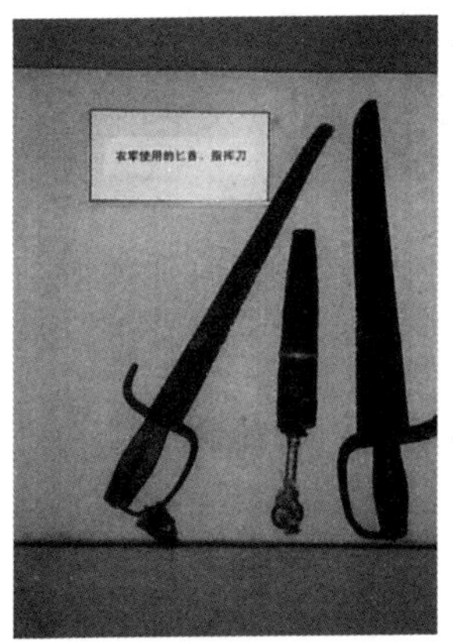

农军使用的指挥刀

短粉枪

粉枪

军用蓑衣

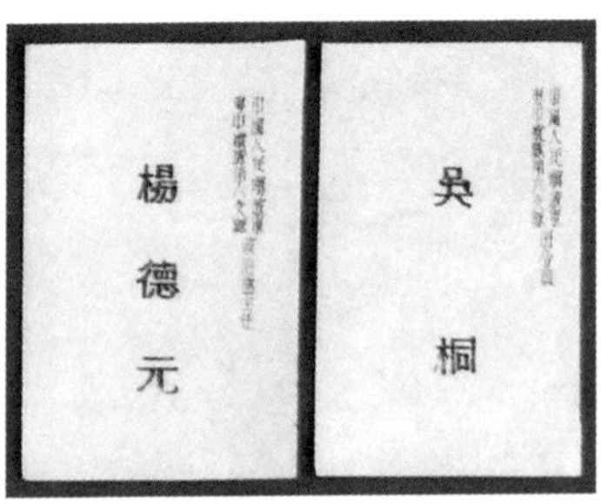

六支司令员吴桐、政治部主任杨德元使用的名片

粤中纵队官兵的襟章

三、粤中纵队第六支队使用的证件文件、物品

游击队员使用的子弹带

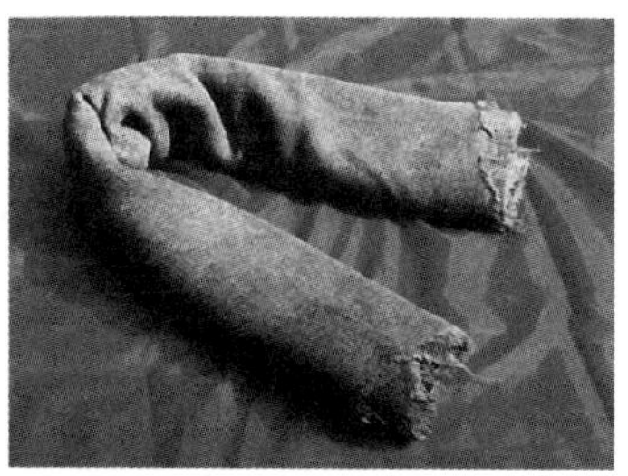

游击队员使用的毛毡

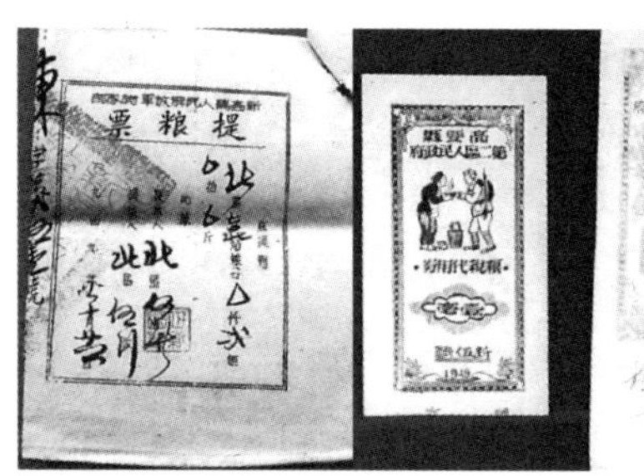

要南游击区发行的粮税代用券和提粮票

新高鶴人民解放軍軍事幹部訓練所

畢業證書

新高鹤军干培训毕业证书

要南游击区发行的粮税代用券和提粮票

附录三 革命烈士

周士第

周士第（1900—1979），海南省琼海县九曲区新昌村人。1923年春，参加滇军，在黄埔军校学习并加入了中国共产党。1925年任叶挺为团长的国民革命军第四军第一营长。1926年初，率领革命军赴端源平息反动武装制造的攻打农民协会事件，处置“高要惨案”。

吴桐

吴桐，生卒年不详，原中国人民解放军粤中纵队第六支队司令员。

陈殿邦

陈殿邦，生卒年不详，高要县肇庆镇东社乡塔脚人。五四运动期间，曾在省立第四师范学校就读，积极参加学生运动，组织肇庆学生联合会、马克思主义研究社和“晨曦社”，1922年加入中国共产党，是中国社会主义青年团肇庆分团的创始人。1924年8月

至10月间，先后被委派到高要组建农民自卫军。1926年3月出任中共高要特别支部（又称领村党支部）书记。

周天行

周天行，生卒年不详，原中国人民解放军粤中纵队第六支队政委。

周其鉴

周其鉴（1893—1928），广东省广宁县人。1920年8月，加入了中国社会主义青年团，1921春，加入中国共产党，成为广东早期党员之一，1926年1月任西江地委书记，领导全区工农群众运动。是中国共产党早期开展农民运动和武装斗争的领导人之一，他点燃了领村农民运动火把，并推动高要农民运动迅猛发展。

梁文华

梁文华，生卒年不详，原中国人民解放军粤中纵队第六支队副政治委员。

伍腾洲

伍腾洲，又名廷洲，高要县乐城领村人，出身贫苦家庭，自小便同广大农民一样受地主的压迫剥削，小小的心灵已种下了对剥削阶级仇恨的种子。1924年，中共广东区委先后派蔡日升、黄侠生、韦启瑞、陈殿邦、周其鉴等一批共产党员到高要开展农民运动工作，是年，17岁的伍腾洲与广大青年一样积极投入农运中去，并成为一名农民革命运动的活跃分子。同年秋，伍腾洲与谢大德、聂文波等人先后发动农民成立西江地区最早的农民组织——端源乡农民公会，会址设在乐城领村，伍被选为公会的执行委员。

1924年冬，中央农民部通知端源农民公会选派五名在农民运动中的活跃分子到广州农民运动讲习所参加第三期学习班学习，伍腾洲和陈汝波、伍国辉、黎茂玲、邓仲荣成为该期学员，1925年4月，伍腾洲结业后回到高要，担任了端源农会的宣传队长，带领宣传队到各村向农民讲述革命道理和共产党的方针政策，发动农民参加农会，农运蓬勃发展。在他们广泛宣传发动下，不到一个月的时间，先后有水台、银村、思可等13个村庄成立了农会组织。同年夏，伍腾洲参加中国共产党，成为高要党组织最早的中共党员之一，被任为中央农民部特派员，指导全县农运工作。

1926年1月3日，高要、广宁、德庆三县的反动民团，勾结当地土匪1000余人，攻打农会驻地领村，农民自卫军奋起抗击，与之激战。但终因寡不敌众，匪徒攻进领村，并随意杀害村民，抢走耕牛，洗劫财物，这就是震动广东的“领村事件”。事发后，伍腾洲和陈汝波、伍秋明、伍国辉等前往广州向中央农民部汇报情况，请求派兵镇压反动势力。中央农民部非常重视，指派援兵，协助平息了事件，打击了反动势力的嚣张气焰。

1926年4月，高要县农民协会成立，伍腾洲被选为执行委员会副委员长，后为委员长。9月，地主反动民团不甘失败，更不想看到农民组织的壮大发展，于是再次组织反动势力第二次攻打领村。农民自卫军在伍腾洲的指挥下进行了顽强的还击，在广宁农军的配合下，打退了地主反动势力对领村的进攻，并领导农民同地主进行了坚决的斗争，迫使他们在攻打领村时对造成农民群众的损失进行了赔偿，提高了农会和农军在群众的威望。

1927年4月12日，蒋介石策划了反革命政变，共产党人受到迫害。4月16日，伍腾洲在肇庆阅江楼的高要县农民协会办事处被国民党逮捕，后被送往广州，并于5月12日被杀害，时仅20岁。

伍腾洲年轻的生命献给了伟大的中国农民革命运动，中华人民共和国成立后，高要县人民政府授予他革命烈士称号，他的英名永远刻在人们心中。

高要革命烈士榜（新民主主义革命时期）

在漫长的革命斗争中，无数先烈浴血奋斗，前仆后继，换来了今天社会安定、人民幸福的生活。在大革命时期、土地革命战争时期、抗日战争时期和解放战争时期被列为革命烈士的共227人，其中：

大革命和土地革命战争时期牺牲的烈士196人

伍腾洲	聂文波	董吉裳	梁福云	黄耀荣
谢敬持	陈　友	伍行权	陈　进	谢同剂
李王王	黎　保	梁祖谊	陈殿邦	谢桂荣
李时聪	赖维新	胡北妹	范天鉴	谢亚福
吕子田	吕秋福	陈北鳌	谢　球	谢尧辉
谢金石	谢辛受	谢梧元	谢　棠	张瑞余

张木仁	冯植南	李伟南	苏　九	李海云
伍杏秋	伍旭初	梁高恒	梁桂福	梁善明
莫荣聪	陆汝谦	谢金连	陈福照	陈华爱
陈达聪	伍文开	陈　益	伍文林	陈锡珍
陈兴寿	韦　七	赵　桂	李计添	陆水旺
梁锦成	黎横有	黎子泉	陈达财	范家焜
甘维熙	甘　四	邓庇兴	冯三娣	李　祐
谢亚三	梁秀彦	梁　六	谢华带	谢　全
朱　剂	苏计元	龙锦胜	何昌胡	邓金旺
龙亚癸	苏　五	肖福友	黄　五	李　檬
程东福	梁　炳	龙北培	陆祖华	邓　生
邓锦棠	伍瑞雄	陈载棠	陈承新	莫游波
莫英带	伍公兴	伍沛江	吴其兰	翁钊元
甘木水	谢春荣	甘　先	黄华英	梁如谷
吕华爱	欧芦照	邓承初	何少棠	伍乐天
廖计爱	陈镜棠	黎士友	梁火带	梁亚富
梁亚照	郭　照	伍护兴	伍大二	赖锦荣
伍伙荣	陈　旺	黄绍棠	何　四	龙亚妹
陈计剂	陈五九	龙三娣	陆国宝	何　积
李　五	李　伏	何顺基	甘满堂	郭　标
马　计	陈　八	邓北养	邓带妹	陈　娣
欧水生	梁炳南	陈汝谦	伍学全	莫登元
甘　尧	邹特夫	李华春	陈　庆	伍国南
伍光庆	陈　葵	梁北生	陈日新	杨　六
严日进	陈达玲	梁星带	梁应才	谢运亨
张华保	伍太兴	梁大明	陆汝钿	陈仲星
梁兆才	陈云标	张公带	陈汝枢	陈　标

陈云森	陈炳新	陈瑞香	谢群胜	谢 忠
谢 天	伍锡辉	张 妹	陆汝棠	陈二庆
陆池林	陈华荣	陈宜安	陈富安	陈树照
黎仁六	戴汉成	陆胜云	廖琼南	李 五
苏 世	梁 牛	张亚仁	陈焕新	陆汝松
聂文枢	陆得时	梁朝达	林亚枝	梁敬全
招 计				

抗日战争时期牺牲的革命烈士2人：

吴德荣　　吴 友

解放战争时期牺牲的革命烈士29人：

李火妹	罗 监	陈建兴	梁 养	何水群
区 来	伍 信	廖水苟	吴文进	赖 秀
叶木伙	陈 金	张 利	杜 成	郭志旺
卢新长	伍 立	水南花果山纪念碑12位无名烈士		

（注：新中国成立后牺牲的烈士未列入本名单中）

聂文波

1928年11月22日，一个意志顽强、宁死不屈的革命志士被反动派杀害了。然而，他永远活在人们的心中，英雄永存。他，就是高要农民运动的先驱聂文波。

聂文波，广东高要乐城镇（民国时为端源乡人），1890年出生，排行第二，故又称二德，由于他从小生长在山区农村，练就了勤劳朴实、正直坚强的性格，对于农民被地主、恶霸的压迫剥削和欺诈凌辱看在眼里，记在心头。

1923年秋，端源乡领村附近虫害严重，造成粮食歉收，而当地地主不但不减租，反而要用加“二五”的大秤收租，农民兄弟不买账了。这时，稍读过几年私塾的聂文波站出来说话了，并以参砂的办法对付地主加租，即在交租时也按“二五”把泥沙掺到租谷中去，地主老财也无可奈何。

然而，地主豪绅并不甘心，成立了“业主租税维持治安委员会”（简称“业主维持会”）对付农民抗租。这就更激起了聂文波和村民对地主阶级的仇恨。

在这期间，广东的中共党组织已派出党员到西江地区开展农运工作。聂文波等一批进步青年受革命思想的影响，懂得了很多革命道理，并积极投身农动中去。他与好友伍腾洲、谢大德等人发动端源乡各村农民于1924年10月成立“端源乡农民公会”与“业主维持会”针锋相对地开展减租抗租斗争。

公会成立后的第一个行动就是惩罚恶霸豪绅，实行五折减租，取消“田信鸡”“田信米”，既把地主阶级的气焰打了下去，又鼓舞了农民革命的士气。

这场斗争的胜利，聂文波看到了组织起来的农民力量和强大是无可估量的，因而，对革命的决心更大了，对胜利的信心更足了。

1925年5月，端源农民公会改为“端源农民协会”，并组建了端源农民自卫军，聂文波任执行委员，负起领导农会和自卫军开展农运工作的职责。

然而，地主的反动势力眼看农民运动的迅猛发展而感到不安，想方设法把农民武装镇压下去，1926年1月，高要、广宁、德庆三县的反动民团和反动组织“神打仔”、土匪1000多人围攻农运策源地领村。聂文波和谢大德、陈佐洲、伍耀辉等率领农军顽强抗击。由于寡不敌众，农军被迫撤离村庄。反动民团进村后，杀人放火，抢掠耕牛财物，这一事件被称为“领村惨案”，震动全省。事件发生后，聂文波、伍腾洲、陈佐洲三人前往肇庆向各界代表大会筹委会报告了情况。随后亲率农民自卫军配合革命军镇压了反动势力。

1926年5月，高要县农民协会成立，组建了高要县农民自卫军。聂文波任县农协执行委员，农军副大队长，同时，加入了中国共产党。此后，聂文波不辞劳苦地带领农会和农军开展工作，亲率自卫军多次抗击地主武装对端源的领村、伍村和河台等地的进攻。特别是高要、广宁、德庆的反动民团和土匪数次攻打领村，聂文波与农会干部带领农军奋力抵抗。在四天四夜的激战中，聂文波始终站在最前线指挥战斗，表现了共产党人的特有气质和精神。

1927年蒋介石发动的4·12政变后的4月16日，国民党也在高要开始大规模的“清乡”“清党”，到处抓捕革命志士。高要县农民协会为保存革命力量，组建了高要农民军游击队，由聂文波指挥。这支队伍活跃在高要、广宁、德庆三县边界山区，

聂文波烈士被杀害后，头颅被挂在这棵大树上

既打击了国民党的反动势力，又保存了农军的实力。为此，国民党反动派对聂文波恨之入骨，张贴告示，以1000元白银悬红缉捕他。1928年11月12日，聂文波回乐城办事时被人告密而被捕，并押回伍村的“清乡”军营部。国民党“清乡”军对聂文波进行严刑拷打，迫供令讯，甚至点燃成捆神香烧他的胸部，用开水烫他的背部，还用木棍毒打。但他坚强不屈，强忍剧痛，历数反动派祸国殃民的罪行。聂文波意志坚强，反动派对他无可奈何，最后只有下毒手。22日，“清乡”营部把聂文波押去枪杀，在途经乐城圩时，他对着群众高呼“农民必胜”“地主必败”“农会万岁”“共产党万岁”等口号，群众见状，无不低头垂泪。更为残忍的是，聂文波被枪杀后，还被割下头颅挂在乐城圩的一颗大榕树上示众。

聂文波就义后，当地群众把他安葬于被枪杀的岗根山上，聂文波是高要农民运动的先驱者，他的英名流芳百世，永垂不朽。

吴文进

吴文进，化名陈坤，高要活道大塘山人，1948年2月参加革命工作，是中国人民解放军粤中纵队第六支队第十八团水湖交通站站长，1949年初被捕，10月中旬被敌人杀害，时年44岁。

在解放战争时期，高要的武装斗争以南部为主（简称要南），活动在这里的游击队（后为十八团）又称为要南部队。要南部队以活道的老香山为根据地，配合人民解放军打击反动势力。1948年冬，吴文进由其胞兄吴才、吴新林两位武工队同志介绍参加武工组，被安排在横岗仔（地名）当交通员。随着我军主动出击打击敌人，东面向白土平原地区挺进，西面的武工队一个组越过八乡水湖村经莲塘乡的野狸夹（地名）到荷村一带活动，另一个组则经桐油根村出三区的西南乡扎营。为监视莲塘和西南方向的敌情动态，武工队决定在水湖村设立交通站，委派吴文进同志任站长。吴文进化名陈坤住到水湖村阿南婆家里，以作掩护。水湖交通站有交通员三人，除吴文进外，其余两人是冯二九和邬兰仔。冯二九负责莲塘方向的敌情和联络西南乡武工队，邬兰仔驻白石咀村联络点，随时了解敌人动向。

水湖交通站组建之后，在吴文进同志的带领下，准确掌握敌情，及时传递情报，为武工队历次战斗的取胜起到关键性作用。

就在水湖交通站刚设立时，由于提供情报准确，使二、三区武工队联合攻打凤田村时，成功活捉恶霸地主赵世仁。

赵世仁原是莲塘人，后搬到凤田村，是当地有名的地主恶霸，横行乡里，欺压百姓。1948年秋，武工队到蕉坑、凤田一带活动，开展减租减息工作，狡猾的赵世仁闻声即跑回莲塘避风头。然而，武工队离开凤田村时，他又窜回来威吓农民，要他们退回减去的租息。为了打击赵世仁的嚣张气焰，打开对敌斗争局面，二、三区武工队的伍新、林源等同志研究决定，联合行动，捉拿赵世仁。但赵世仁也不是等闲之辈，他居无定所，行动飘忽，很难掌握他的行踪。为了弄清他的活动规律，任务便落在水湖交通站了。吴文进接受任务后，即安排冯二九侦察赵世仁在莲塘的行踪，同时布置白石咀的邬兰仔通过亲友了解赵世仁的来往情况。当获悉赵在除夕回凤田村的消息时，便迅速报告给武工队。武工队决定夜围赵世仁。岂料赵在除夕白天回村一阵子又溜走了，实在是太狡猾了。然而，武工队即开仓放粮，把清理赵世仁的财物分给贫苦农民，打开了蕉坑、凤田一带的斗争局面。

莲塘反动武装联防大队队长陈达洲是个阴险反动透顶的家伙，不敢正面跟武工队硬碰，便委派队员打进我军内部，企图里应外合消灭武工队。为戳穿陈的诡计，武工队指令水湖交通站对其进行侦查。1949年4月，派进莲塘的交通员冯二九发现吴才武工组队员“大只顶”（绰号）经常进出陈达洲的联防大队部，形迹可疑。经研究分析，武工组果断对其突击提审，证实了“大只顶”就是陈达洲打进来的奸细，曾几次把武工队的活动情况向联防队报告。通过交通站的周密侦查，武工队识破了敌人的阴谋诡计，挖出了隐藏的奸细，避免了不必要的损失。

1949年6月，高要县县长朱建雄协同敌西江水陆清剿指挥部进犯要南游击区。其时，朱建雄率县大队300多人经白土向要南进发，廖强的反动民团和莲塘联防大队400多人经莲塘、荷村、水湖进犯活道游击区，形成两面夹击的阵势。敌人的行动，早被肇庆交通站获悉，并以最快的速度传递到游击区。我军即采取分散隐蔽的措施，让敌人扑了个空。其间，吴文进火速把加急情报送到连队和武工队及附近村庄，并对莲塘方向的敌情加强侦察。当莲塘联防大队准备出发时，水湖交通站已获悉这一敌情动向，迅速向交通总站和邻站发送出去。与此同时，吴文进隐蔽在水湖村后山，监视和侦察来敌的人数、装备和行动，及时把情况传递出去，致使进犯活道之敌扑了个空，根本找不到一个游击队员。为此，吴文进熬了两个不眠日夜，及时、准确地完成了交通传送工作。

是年8月中旬至10月中旬，败退的国民党军从广州和西江下游分批向西南方向逃窜，要南地区是逃敌必经之地。为了打通逃窜通道，敌军便向新高鹤和要南等地展开扫荡。在这种形势下，交通情报工作非常重要，高要县工委（高要县人民政府已于1949年5月在活道鳌头村成立，李法任县工委书记）和六支十八团团部要求交通站提供准确的敌情，以便准确打击逃敌，迎接解放军解放高要。9月初某日，水湖交通员冯二九把从莲塘方向向要南进犯的一支国民党军队的情报报告站长吴文进。但吴接获情报后认为不够详细、具体，需要继续侦察。于是他便化装成樵夫蹲在水湖村后山的树林里监视敌人行动，以便了解敌军人数、装备和动向，正当他派人把情报送出时被敌人包围而被捕。

吴文进被捕后，我军通过肇庆交通站设法营救，但由于不清楚关押何处而未能成功。直至10月18日，我军进城接管肇庆，十八团团长兼军管会公安局长叶琪派人查找吴文进的下落，未果。后来，从看守所的留用人员口中才了解到，吴文进在狱中坚贞不屈，敌人无计可施，便在逃走的前一天把他杀害了。新中国成立后，高要县人民政府追认他为革命烈士。

附录四 革命事件

一、领村农军三次抗击反动势力的围攻

大革命时期，领村农民在革命高潮鼓舞下，相继成立了农民工会、农民协会，反对地主阶级的剥削，开展抗租斗争。地主阶级为了对付农民运动，也先后组织了“业主收租维持治安会”“同善社”等反动团体，并纠集反动民团、土匪、神打仔等，向农民革命组织进行疯狂的反扑。

1926年1月2日，地主豪绅组织的“三县联防”反动武装1000多人，聚集在河台“三圣宫”饮生鸡血发誓结盟，合谋攻打领村农会。高要土豪劣绅宋旭初、黄尉楼、梁锡赞和德庆劣绅徐渭臣拟定1月3日早晨，带领神打仔、民团约1000人向领村农会突然袭击。农卫军奋起应战，因缺乏战斗经验，弹药不足，至上午九时，敌军涌入，农军与之展开激烈巷战，终因力量悬殊而失败。与此同时，波河、料村和附近农会亦被袭击。匪徒入村，烧杀抢掠，无恶不作。村民被迫逃离家园，随农军分散到山林躲避。

1月4日，二区各乡农军及广宁十六区农卫军闻讯前来支援，向地主武装进行反攻。双方经过紧张激烈的战斗，农卫军将地主武装击败，重新夺回领村。

1月5日，地主豪绅不甘失败，重新集结了德庆民团、土匪1000多人，广宁民团、土匪和李济源残部1000多人，禄步三都

联团500多人，再次向领村农军反扑。三县的反动武装共3000余人，分成三路包围领村，妄图把高要、广宁两县的农军消灭。两县农军在领村全力奋战，也因敌众我寡，力量相差悬殊，农军只好突围撤离领村，退入广宁县境。

这次失利，使领村、波河、料村三条村被烧毁，农军及农会成员死伤100余人，被劫去小孩4人，烧毁房屋200余间，抢去耕牛150多头、生猪300余头。全村被洗劫一空，农民群众只好露宿山头。

惨案发生后，肇庆独立团团长叶挺委派周士第率第二、三连及营部官兵270多人于1月8日出发乐城，时任高要县县长李炯也带领两连人一齐前往，解决“领村惨案”问题。他们在10日上午抵达领村后，周士第营长即令双方停止战斗，并调查惨案经过；召集双方开会，怒斥地主土豪劣绅的罪行。

1926年1月29日，国民政府政治委员会批准成立“高要县绥辑委员会”，叶挺带三十四团（即独立团）第二营偕同绥辑委员开赴领村，处理领村事件。

经过调查事件真相后，责令地主赔偿损失，惩办祸首。但反动地主拒不接受，反而纠集民团、土匪、神打仔将伍村围困。叶团长便亲率独立团第二营战士和农军，在村外大坡头迎战匪徒，匪徒被打散。但地方武装仍不死心，逃回罗建大本营后，又重新纠集人马，准备再次攻击伍村。

叶团长为了彻底摧毁反动地主老巢，便派韦启瑞回肇庆，把独立团第三营调到伍村。1926年3月8日，叶挺团长亲率独立团第二、第三营战士和农军，攻打反动地主武装的老巢罗建村。叶团长为了保护村中老百姓生命安全，向土匪众呼喊“顽抗者杀，缴枪者赦”，和“不伤村民，活捉匪首”等口号，然后，令战士用猛烈火力封锁敌人炮楼，令农民自卫军冲上村边，锄穿围墙。正准备冲入村里，忽然听到村内有妇女小孩哭声，叶团长恐怕伤害无辜老百姓，于是传令暂停进攻，让出一条路，安排村中老幼撤离。村民安全转移后，叶团长即下令围攻匪徒。当晚就攻下反动地主武装大本营罗建村。

同一天，独立团还派出一支部队，由省农工厅代表王寒烬带领，攻打云洲村的反动民团据点，而云洲村的反动军团见罗建老巢都被端了，不战而逃。

战斗结束后，叶团长即令反动地主集中到伍村博轩祠，勒令他们赔偿损失，严惩匪首，并以国民革命军第四军第三十四团名义发出告示：

此次用兵漾源，实在万不得已。罪在劣绅土豪，豪恶横行无忌。

各乡已经服从，具结缴款无事。服从国民政府，为守紧要驻地。

如不缴款调和，定用大军制止。仰各全体同人，团结精神始终。

地主们一见告示，便无可奈何地写信给叶挺表示认罪，愿意按规定赔偿，并缴出枪械。几天内便交出赔款两万多元，缴枪支100多支。赔款归农会，枪支给农民自卫军使用。还逮捕了大地主祸首卢沂川、赖农、黄尉楼、陈鉴波四人，发出对其他八名匪徒的通缉令。

大迳水（包括现在的河台、乐城、水南一带）的地主豪绅不甘心失败，于1926年6月间，高要地主豪绅谢达卿、梁锡赞，土匪头黄尉楼、周家基（广宁人）等人，再次集结反革命武装三四百人，第二次进攻领村。匪徒占领金钟山后，先后数次袭击领村。农卫军奋起迎击，从上午8时坚持到下午4时。这时，广宁十六区农军800多人闻讯赶来支援，将匪徒击退，挫败了反动势力的图谋。

1927年4月12日，蒋介石对共产党进行大屠杀，大迳水的地主阶级气焰又十分嚣张，叫嚣解散农会，杀绝农军。此时盘踞在高要、广宁、德庆三县附近的反动派，积极购买枪支弹药，作好第三次攻打领村的准备。

领村有了前两次的战斗经历，为迎击匪徒袭击也积极做好备战：筑起12座泥砖炮楼，挖了一条护村河，在村子四周筑起两重竹篱笆，同时挖穿墙壁，使家家户户连通起来。

1927年农历7月16日早上8时，地主武装神打仔、民团、土匪、国民党反动派军队7000多人第三次攻打领村。他们团团包围了领村，700农军奋力迎战。由于领村农军防备严密，储备充分，使敌人望村兴叹，寸步难进，且死伤惨重，只好逃走。

第二天上午，反动武装数千人以机枪作掩护向领村发起几次冲锋，农军坚守炮楼，居高临下，当场打死敌军15人，又一次打退了敌人的进攻。

第三天日晨，敌人再次倾巢而出，用机枪密集扫射，四面围攻领村。然而农军越战越勇，击退了敌人的多次冲锋。敌人

叶挺独立团团部旧址阅江楼

见白天攻打不下，企图进行夜袭。当天晚上，双方展开了激烈的夜战。农军的煤油用完了，便用杀猪取油的办法，立即杀了几头大肥猪，把肥肉切成一块块，中间放入棉心，放在火篮上，点着火挂出墙外，把村子周围照得如同白昼，敌人的夜袭诡计即被粉碎。

19日，敌人运来大炮，对领村进行袭击。但几发炮击后，农军分毫无损，敌人又不得逞。20日上午，农军接上级指示，为了保存实力，决定突围转移。于是突围战斗打响了，农军英勇顽强地杀开一条出路，掩护全村400多群众安全离村，转移到广宁游击区，从而结束了四天四夜的战斗，粉碎了敌人想消灭农军的企图。

敌人见我军民全部退出领村，便窜入村中，把东西抢光之后，放火把领村烧成一片焦土，150多户的村庄顿成瓦砾场。

领村的英雄儿女在共产党的领导下，高举犁头旗，前仆后继，英勇奋斗，谱写一曲曲可歌可泣的战斗历史诗篇。领村一区农民协会，在大革命的风暴中，共有120位烈士献出了他们宝贵的生命。

二、分界村民的革命斗争

高要与广宁两县交界的分界村，是一条边远山村。

1924年夏，广东农民革命的烈火燃烧到西江各地。彭湃同志曾在广宁组织了农民协会，经常派人到分界村开展革命活动，组织农民开展革命斗争。1925年4月，分界村组织了农会，组建了农民自卫军，并与乐城领村农会取得联系，竖起农会的犁头旗，领回了会员证章。接着，经邵苟等农会干部的宣传发动，分界村百分之九十五的农民都加入了农会。分界村农会会址设村中的香火堂。邵苟为农会会长，卢培芝为文书，邵昌为宣传员，委员有何耀兰、苏三保、卢亚土、何华保、邵华安、罗华安等人。农民自卫军由邵华安任队长，罗华安任副队长，苏三保为旗手，队员有80多人。自卫军组建后，经过多方筹集和群众的支持，购置了步枪和火药枪60多支，长火药炮4门，手枪1支，火药4大水缸，充实了自卫军的装备。自卫军战士头戴写着“农民自卫军”字样的铜鼓帽，唱着“操、操、操，操起农民自卫军！向前进，向前进，打倒大劣绅，铲除大地主，竖起农民旗！”的自编歌谣，同乐城领村及广宁的农民自卫军紧密配合，开展减租减息、向地主开仓要粮等斗争，分界村的农民运动就这样发动起来了。

但是，反动派有所不甘，他们用各种手段纠集各地的反动势力打击农民自卫军。1926年春，地主黄尉楼、梁锡赞等人买通德庆的民团、河台三圣宫神打仔联合攻打领村革命根据地。为了支援领村革命根据地的斗争，分界农会派出自卫军40多人，扛起农军的大旗，随叶挺独立团部队和广宁农军一起，开发领村，击败了敌人的多次进攻。

1927年大革命失败后，国民党反动派在高要大搞清党清乡活动，疯狂搜捕和屠杀共产党员和农民自卫军。革命处于低潮，农会被迫解散，由公开斗争转为秘密活动。地下党员孔令鉴同志以修理箩斗为名，多次到分界宣传发动农民继续进行革命斗争，与分界人民保持秘密联系，为后来的斗争打下了基础。

1945年春，由欧新任队长、林锋任政委的绥贺支队和卢火全的武工队及党组织非常重视分界村的革命活动，多次到分界村发动群众继续开展革命斗争。他们同大革命时期的农会会员卢培芝、何耀兰等骨干分子取得联系，决定分界村的革命组织和革命行动直接由绥贺支队和卢火全武工队党组织领导和指挥，由卢火全具体负责。分界村的卢培芝、何耀兰、卢章葵、何木林、邵群汝、卢亚球、卢炳尧、罗华新、何水娣等一批革命骨干分子成为开展革命活动的中坚力量，革命的烈火在分界村又重新燃烧起来了。

1946年秋，绥贺支队长欧新、政委林锋、武工队员卢火全等帮助分界村成立农会，由卢培芝任会长，会员有何耀兰、卢章葵、何树兰、何木林、邵群汝、卢亚球等人。农会根据绥贺支队和卢火全武工队党组织的指示，向地主进行减租减息斗争，实行“二五”减租。农会成立不久，按照部队党组织的指示，又成立了分界村开荒生产委员会。这个组织的任务是负责开荒扩种，生产粮食供给部队和解决群众度荒。该组织负责人是卢章葵，会址设在他经营的小店铺，会员有何树兰、何木林、邵群汝、卢亚球等。在卢培芝、卢章葵、何水娣等人带领下，分界村群众到土名叫乌杭坑的山上锄山开田80多亩，种上山禾、木茨、芋头等作物。欧新部队在经济极端困难的情况下，也拨来200多元支持开荒扩种，给分界村群众极大的鼓舞。开荒生产委员会的成立，发展了粮食生产，从物质上支援了部队，巩固了游击根据地。在游击队帮助下，分界农会还成立了民兵组织，何水娣任队长，卢炳尧、罗华新任副队长，队员有40多人。至此，分界村的农会、开荒生产委员会和民兵组织先后建立起来了，开始了有组织、有领导地进行革命斗争。

分界群众积极开展拥军支前活动，1945年至1949年间，绥贺支队的指战员常到分界村驻扎，他们有的让出住房，有的主动送粮献柴，军民团结亲如一家。1947年初，欧新、陈瑞琮率领绥贺支队100余人进驻分界村，几乎每户都住有部队的同志。住在厢角坑的战士炊具不够用，农会会员何耀兰等主动把自家的铁锅等炊具送给部队使用。开荒生产委员会牵头筹集100多担粮食供给部队。何耀兰等同志还冒着生命危险到广宁县罗林洞与卢火全武工队联系，在广宁筹得大米十多担，挑回分界村供给部队。

同年5月，欧新、陈瑞琮、吴声涛三位领导带领游击队员50多人到分界村驻扎，分界村的干部群众把游击队员视作自己的亲人，从人力物力支援游击队，给游击队各方面的方便，大大鼓舞了指战员的士气，为战斗的胜利准备了精神和物质条件。

1947年6月26日（农历五月初八）上午，国民党温树德部队200余人押着我方的通讯员从广宁向水南方向逃窜。欧新、陈瑞琮等率领游击队于分界岭伏击，激战五个多小时，毙伤敌人30多名，缴获长短枪共6支，弹药和军用物资一批，并救出了我方通讯员。在战斗中，我游击战士李火妹、罗鉴、陈建洪三人光荣牺牲，两名游击队员负伤。分界村民兵队和40多名群众参加了这次伏击场战。他们有的护送群众转移，驱赶耕牛等牲口到安全地带；有的拿起火铳枪、火药枪等武器守护村庄；有的抢救伤病员；有的运送武器弹药。战斗结束后，民兵队又清扫了战场，押送战俘和胜利品往水南与四会石苟交界的高山交给游击队。分界的群众还亲手为牺牲的战士造棺安葬，并在村中开追悼会。经过这次战斗，分界村的群众觉悟大有提高，积极发动青年参军，掀起了参军热潮，何水群等一群青年参加了共产党领导的游击队。

1949年夏季的一天，分界村民兵队接到绥贺支队和卢火全武工队党组织的命令，队长何水娣立即集合民兵40多人，臂扎白毛巾做标志，经黄牛湾山秘密进入匪巢下坪，与已在下坪的绥贺支队70多人汇合，围剿横行乡里的下坪叶进均、叶新桂匪徒。当天下午4时许，双方在下坪村屋背山开展了激战，一直到天黑。由于武工队对地形不熟悉，未能歼灭敌人，天黑后双方各自撤退了。这次战斗，虽然没有达到清剿匪徒之目的，但沉重地打击了匪徒的嚣张气焰，使其从此不敢走出密林为害乡民。

分界人民有着光荣的革命传统，为革命事业作出了积极的贡献。为了纪念在分界境内战斗中光荣牺牲的游击队战士，1966年

9月，分界大队党支部、管委会、贫协委员会、四清工作队在分界的豆坪岗上建起了分界革命烈士纪念碑，正面写着“革命烈士永垂不朽”八个大字。

三、水南经历两次解放

1944年农历7月23日，国民党军邓龙光军长率部从四会路过石狮岭龙源河，向水南方向退却。与此同时，日本鬼子也从四会追来。至第4天（7月27日）晚上追至石狮岭的下坪丹竹坑村，两军接火，激战三小时，国民党军败走，弃械逃命。次日下坪村民上山劳作，看见很多枪支弃丢山上，即捡了回来，计有步枪10支，轻机枪1挺。此时，日本鬼子已到达水南圩，住了四天。8月2日拂晓之前，日军撤离时将水南圩中心洲合面街数十间店铺烧成灰烬。

同年10月，平南乡公所将捡回来的枪支，成立了一个治安队，约100人（后来沦为土匪组织），中队长叶天赐，副队长叶相南，分队长甘荣、叶新桂、戴万开。他们盘踞在水南圩靠收苛捐杂税过着花天酒地的生活。同时，国民党县长覃元超在水南青湾校设立行署，其子为行署长，约30人。

1945年春，平南乡公所选出赖玉利为乡长，同时成立联防大队，有300多人，大队长陈百昌（水南青湾人），副队长叶进均（水南下坪人），秘书长甘警吾（河台朗元人），副秘书长甘维贤（河台朗元人），录事钟儒廉（水南旱呀村人）。其时盘踞水南镇的土匪有朱家基（广宁人）100多人，廖强400多人，李德七八十人，伍朴100多人。

1946年，高要县政府调派一个中队100多人到水南大布村驻扎，有七八个月之久。农历五月中旬，共产党游击队欧新部队从广宁到高要水南分界村宣传共产党的政策，实行耕者有其田等。

不料被国民党保安队长温树德获悉，便集中兵力到分界村攻打游击队。双方激战四小时，国民党军惨败，退回原驻地。此战，敌伤五人死两人。

1946年农历正月20日早上10时许，广宁县信泰烟丝厂老板雇请40多人运送烟草等货物到水南，由何华六父子押运。当货运队经过土名叫“亚林迳”的地方时，遭到土匪抢劫，全部货物被抢，何华六也被当场打死。经查，原来是叶天赐的部下所为，这样“治安队”便变成了土匪队。

1947年农历4月初，粤桂湘边游击队欧新部到大杉尾、更鼓楼、下坪等村向群众做宣传发动工作时，被叛徒陆兆才密告。匪首叶天赐和乡长甘春福即纠集河台、乐城、水南、禄步等地的土匪约2000多人围剿游击队。激战半天，游击队捉去一男一女，后被送广宁南街，下落不明，当天我军退回四会。

1948年农历五月初九，陈百昌病死，13日出殡，由其村人抬着棺材游行。送葬队伍约400人，叶天赐用轻机枪、步枪等当炮竹，鸣枪逞威风。在陈百昌葬后的第二天，游击队欧新部由广宁来水南双坡一带开展工作，被乡公所干涉、阻挠。高要县府还调来大队人马（队长叫张大春）汇合本地的叶天赐、乐城的豆皮槐、河台的麦新荀和禄步土匪等共1500多人，由张大春指挥，在大坑截击游击队，打了半天，不分胜败，游击队退回广宁，各路土匪也退回原地。

1949年农历八月二十六日，国民党的一个师从四会经石狮岭逃至水南圩宿营时，把水南圩附近的黎坑、上下河、逢礼村都住满。二十七日上午8时又来一批国民党的溃兵。从南坑坳头经社坑河到水南圩，个个垂头丧气没精打采。他们在水南圩，随处大小便，吃东西不给钱，吵吵闹闹一团糟。

人民解放军紧随敌后追来，四面包围驻扎水南之敌，并展开游战。这天，从上午11时开始到下午5时多。我军以700多人的兵力围歼近万人之敌，也被打得溃不成军，狼狈向禄步方向败逃。农历八月二十七日解放军进驻水南，水南解放了，成立了新政府。

叶天赐匪部也于9月10日向我军投降，上缴轻机枪1挺、驳壳1支、步枪10支。

随后由上级政府派宋业安同志指导成立了水南治安队，队长周伯强，人数约100多人。然而，以叶进均为大队长、黄茂生为参谋长、陈百英为副参谋长的匪军200多人，汇同广宁的张大杰、陆轰、许锡枢的100多人，共400多名土匪围攻新政权。农历九月二十八日晚，叶进均、陆轰等100多名匪军到下坪攻打我治安队。经过两小时激战，因寡不敌众，治安队驻地关帝庙被攻破，治安队员30多人被捉，全部枪支被抢光。

后来，叶进均的土匪队伍发展到五六百人，横行霸道，无恶不作。水南再次被反动势力盘踞，土匪队伍到华岗顶收“行水”，到笋围唐子村向钟尚志勒索粮食10000多斤，迫交机枪1挺，驳壳2支。强迫水南商户刘金生交毛毡30件，雨伞30把，卫生衣60件（后因刘逃走而落空）。十月上旬，土匪窜到洲村抢粮5000多斤。

根据这一形势，水南治安队队长宋业安同志向上级请示，要求派兵铲除这帮土匪。农历十一月中旬经广东省府批准调派一师官兵到水南进行剿匪。解放军于农历十二月初四晚到禄步后，马不停蹄地连夜行军到水南。初五日一早就把整个水南圩包围了起来。敌人闻风丧胆，落荒而逃。初六日晚，在石田村活捉匪首陈百锦父子两人及土匪数十人，顺利地制服了匪徒。这次战斗胜利，被当地群众称为“第二次解放水南”。

四、夜袭“书记恩”

“书记恩”名叫梁恩，是横霸一方的土豪，其部驻在白土竹根村的黎氏宗祠。为铲除这一恶势力，广东人民抗日解放军第二、三团300多人在严尚民、黄仁聪、陈春霖、沈鸿光的率领下，于1945年5月7日凌晨4时袭击驻在二世黎氏宗祠的梁恩。按照原定部署，抗日解放军从两翼攻进黎氏宗祠。其时，人民抗日解放军班长陈民生火力封锁祠堂前门，而后门则被匪徒顶死，进不了祠堂。这时，另一班长黄步文架起人梯爬上屋顶，扔下手榴弹，霎时把敌人的机枪炸哑了。抗日解放军瞬间从前门和侧门冲进祠堂，匪徒见大势已去，纷纷缴械投降，然而，匪首梁恩已经逃跑。此战，抗日解放军大获全胜，缴获轻重机枪各一挺，长短枪80多支和物资一批。战斗结束后，中共白土支部配合抗日解放军打开梁恩部的粮仓，分粮济困，宣传抗日，动员青年参军。是役，班长陈民生在战斗中英勇牺牲（后葬于白土下灶村后山）。

五、洞口之战

洞口村是高要蛟塘接近新高鹤游击区的一个山村。该村地主反动武装势力较强，常常威胁游击根据地的群众。国民党装备精良的廖强部队300余人于1944年11月开赴洞口村驻扎，准备向游击区进行扫荡，企图消灭广东人民抗日解放军第三团。第三团的指战员经过对敌情的侦察，摸清了敌人的意图和军事部署情况，知道敌人的主力部队驻扎在洞口村，其中有一个班驻守洞口村对面的一个高山上。此山高400余米，十分陡峭，山势险要，严重威胁着洞口村。三团指战员分析研究了敌我双方的兵力和装备情况后，决定采取主动反扫荡措施，乘廖部刚驻洞口立足未稳之机，深夜奔袭。11月中旬的一天夜晚，三团官兵主动向廖部发动进攻，先向洞口村对面后山头发起攻势，计划首先消灭这个山头上的敌兵，但由于向导选择的小路过于曲折，部队还没到达目的地就被敌人发觉，双方立即交起火来。山头上枪声一响，主力部队即袭击驻洞口村的敌人，此时敌人已向白土方向逃走了，天未亮便结束了战斗。这一仗，打死敌人2名，俘顽军8名，缴步枪8支，打击了廖部的锐气，粉碎了敌人的扫荡阴谋。敌人在政治上、军事上均受挫，此后敌人再也不敢派兵驻扎洞口村。当时洞口村附近的小洞村等村庄的部分群众也参加了这场战斗。

六、固守石壁岭战斗

1945年8月，广东人民抗日解放军第一团和第三团共700余人从恩平开赴高明的合水、蛇塘、良村后，国民党广东省保一师保八队4000多人由孟士学率领也经高要新桥、八乡到达横江、鳌头等村庄进行追剿。当广东人民抗日解放军接到鳌头村情报联络站伍鉴衡提供的情报后，立即进行布防，并抢先占领各个制高点，准备迎击来敌。此时，保八队长孟士学发现几个山头都有抗日部队埋伏，便兵分三路向葫芦岭、金钗岭和石壁岭进攻。

1945年8月，国民党广东省保二师八大队400多人窜到横江、鳌头，企图“围剿”抗日解放军。抗日解放军和要南抗日队游击迎头痛击，战斗激烈、重创敌军。图是鳌头村对面的石壁岭战场旧址

上午8时许，各个山岭的战斗先后打响，进攻葫芦岭的敌兵首先被抗日解放军一团和三团击败，狼狈而逃。金钗岭一路，双方展开游战、敌军终被击溃，迫敌从鳌头左边的芝湖崀向莲塘方向退去。石壁岭一路的战斗最为激烈，战士们顽强固守阵地，最终胜敌。是役，抗日解放军以一个排的兵力抢先占领了位于蛇塘村附近高明与高要交界的石壁岭，并严密监视山下敌人的行踪。然而，敌人也想占领石壁岭这座山头，以威胁合水、蛟塘、良村方向的抗日解放军，也调动200多人大摇大摆地向石壁岭扑来。当敌人行至距抗日解放军约200米时，抗日解放军即向敌人开火。由于地形复杂，山路崎岖，来敌虽然摸不透，但也不敢退缩，而是盲目地继续向山上冲。这时，抗日解放军加强火力打击来犯之敌。战斗坚持到上午八九点时，机枪的子弹打完了，战士们便用步枪和手榴弹与敌人对阵。这时，山下的抗日解放军主力部队在解决其他两路敌人之后，迅速兵分两路向石壁岭包抄过来支援。其中一路由良村上山，一路从蛟塘、合水方向包围过来。在主力部队到来之前，山上的战士互相激励，誓死守住山头。不久，在当地鳌头、横江和高明的合水、蛟塘、布社等村群众配合下，抗日解放军一一击退敌人的多次进攻，使敌人大败而逃。这次坚守石壁岭之战共毙、伤敌50多人，俘虏34人，缴获长短枪枝30多支及其他物资一大批。第二天下午2时许，国民党广东第三行政督察专员陈文率领400多国民党军前来支援孟士学，企图挽回败局。然而，当陈文到达塘坑村，登山用望远镜向横江、鳌头看去，只见孟士学的残部纷纷撤退，知道大势已去，不敢前往，只好灰溜溜地调头返回肇庆。石壁岭之战被战士们戏称为“包饺子”——全胜。

七、水口袭击战

中共新高鹤区工委于1948年3月召开区干部扩大会议。区工委书记周天行在会上传达了中共香港分局“放手大搞”的决定，并宣布本区的战略重点为“发展山区，饮马西江”。

会议结束后，中共新高鹤区工委要明边工委经过研究，认为高要活道水口圩是水陆交通要道，要“饮马西江”就必需消灭水口圩的敌人，占领这个要道。因此，要明边工委加强了第二、三区武工队的力量，并调派武工队队长阮明带领几位精干战士化装深入水口圩进行侦察。经过三个多月的侦察，搞清了水口的地理环境以及乡公所和自卫队的内部情况。

8月初，要明边工委和粤中纵队第六支队第十八团团部联合召集有关人员研究攻打水口圩的作战计划。经过反复讨论，最后作出了部署，确定了攻打时间，于8月16日，集结了要明的主力部队100多人于活道祖坑村，入夜时分出发，直奔水口。凌晨一点钟，部队抵达水口圩外，各分队马上按计划执行任务，团政委李法，连长黄步文等率领主力沿山地运动，占领后山，准备随时掩护各队出击；武工队指导员郭权带领一班武装战士向云浮腰古方向警戒；副连长彭社带领突击组战士主攻乡公所前门（国民党自卫队队部设在乡公所内）；武工队队长阮明则带领一队战士攻打后门。当阮明同志的手枪组刚抵敌营后门的球场时，被敌哨兵察觉，阮明即抢先开枪将哨兵击毙。这时，彭社同志的突击组已抵达敌营前门100米左右，听到后门枪声便马上冲至敌营前门的战壕里。前门的敌哨兵刚举起枪向我方瞄准，彭社同志手疾眼快，开枪把哨兵击伤。受伤哨兵惊叫一声后便缩回营内了。彭社同志带领战士尾随受伤哨兵冲进了敌营。敌机枪手在睡梦中被枪声惊醒，连外衣也来不及穿便狼狈地握着机枪闯出来，冷不防被彭社将机枪夺下。这时阮明同志带领的战士也由后门冲进。在黑夜中，敌人摸不清武工队有多少人马，不敢狂妄反抗，全部缴械投降了。这次夜袭，出奇制胜，取得了重大的战果，计毙、伤敌兵各1人，俘官兵40多人，缴获机枪1挺、步枪30多支，手枪1支，子弹1000多发，捕获了国民党乡长苏启南、副乡长刘锐昌、乡自卫队副队长伍必寿。

武工队占领了水口圩后，随即建立了水口税站，同时还在新兴江边设立流动税站。这次夜袭水口的胜利，控制了水陆进军的交通要道，为“饮马西江”扫清了障碍。

附录五 历史文献

一、高要民团串匪焚掠农会惨剧

高要漾源都罗建乡宋煜初、高村乡卢沂川、龙城乡李公任等，素称土霸，恃财挟势，平日压迫农民，无恶不作。昨岁岭村等数十多佃农，相继成立第一、二、三区农民协会，以不利于土豪劣绅地主，故卢沂川等蓄谋摧残之，购械联团串匪，数月来四处运动，并欲假借党名，要求县党部筹备处，准其成立区党部。各同志洞烛其奸，严行拒绝，并加警告，事已终止。后意贿通某有力者为奥援，遂即发难，纠集其本都及广宁谢玉山、德庆陈渭臣等民团公仔凡七千人，在罗建乡叙会三天，于元月三日上午三时，向岭村乡第一区协会围攻。农军弹乏人少，至天明，遂被攻入。焚毁会所及民房二十余间，掳去耕牛百余头，杂物一空。农会即飞电省农民协会求救。至五日九时，匪党以农会无人来援，再集队攻入领村，所有民房四百余间焚毁一空。连日多次焚掠第一区协会所属之波河廖村等乡，逢人便杀，逢屋便烧，伤亡不计其数。难民流离，迁避于禄步墟山野一带者，触目皆是。附近第二、三区农会，亦危急万分。而类皆农民无识，不知应付，至七日晨，始到肇庆城向高要县第一区区部报请设法维持。区党部据报，立发通电请救。八日晚十二时，第四军驻肇庆办事处，派出军队第一营，会同高要李县长，第一区党代表陈希文、许其忠等，前赴禄步弹压，未知对此大帮民团匪徒，当作若何处置也。[①]

二、第四军赴救高要农民

高要县大地主招集流民，惨杀组织农会之农民，其毒辣手段，甚于去年广宁十倍。现高要县长不保护农民起见，会同第四军驰赴该县弹压。兹第二次全国代表大会接高要县长复电云：中国国民党全国代表大会均鉴，蒸电奉悉，鱼日得农民警耗，当即会同第四军军队她往弹压查办。详报续陈，先电复。高要县县长李炯叩寒印。[②]

三、解决高要地主摧残农会案

高要县禄步大迳水漾源都各乡大地主指挥不正式民团及神打仔惨杀领村农会会员一案，经由政治委员会议决交由军事委员会及省政府民政厅农工厅等七个机关，各派员一人组织高要绥辑委员会办理。该委员会自成立后，经于二月十五日至高要县，传各大地主到案讯究。讵料各大地主抗不奉命，并召集民团与政府为难。当由第四军第卅四团迎头痛击，将其击散，并将大地主四人（卢沂川、赖农、陈鉴波、梁荣邦）扣留查办。尚余祸首八人，则行文通缉。其民团与神打仔之枪械，则已全数缴清，交由该县农会收管，并勒限各大地主遵缴罚款，作为赔偿领村波河料村各农会被焚烧伤毙及抢掠损失之赔偿费。现各大地主自经政府军队严行痛剿后，自知理屈，已一致遵令缴交赔偿费，并具结在案，此轩然大波遂告解决矣。[③]

---

① 1926年1月13日《广州民国日报》。

② 1926年1月26日《广州民国日报》。

③ 1926年4月2日《工人之路特号》第278期。

四、抗日救亡三字经

抗日战争时期，为了挽救民族危难，积极开展抗日救亡宣传活动，创办了“力社”组织。要南地区的鳌头、横江、仙洞等村相继建有“力社”，宣传共产党的抗日主张，唤起民众，一致抗日。抗日《救亡三字经》是力社编印的宣传资料。

日帝国 在东方 与我国 是邻邦 来侵略
很猖狂 九一八 起沈阳 出大兵 占地方
国政府 不抵抗 三省失 热河亡 敌诡计
建伪帮 木头戏 舞双簧 日本鬼 太上皇
汉奸贼 丧良心 王八蛋 跪拜忙 帮敌人
来开矿 杀同胞 恶如狼 老百姓 苦难当
多租税 重捐项 性命险 心惶惶 共商议
来抵抗 义勇军 志气昂 声势大 队伍壮
游击战 遍地方 挖敌人 心腑脏 奸和敌
眼膛瞠 没办法 等灭亡 那捐税 钱与粮
擅来收 好过抢 强走私 动兵将 逞横霸
奸淫掠 我同胞 受灾殃 失田地 别爹娘
没饭吃 没衣裳 好学生 情绪涨 爱祖国
发天良 齐奋起 打头仗 一二九 气扬扬
大示威 反霸强 恨汉奸 心两样 效敌命
动刀枪 同学们 意志强 不怕刀 不怕枪
救亡歌 齐高唱 霹雳声 震大响 东北军
念家乡 双十二 在咸阳 八主张 上中央
统一战 枪外向 全国人 心紧张 恨日寇
入肝肠 要起来 算血账 快行动 上战场

七月七　卢沟桥　日本鬼　战祸挑　造借口
兵失了　宛平城　被焚烧　廿九军　见不妙
要抵抗　起怒烧　我军勇　敌心跳　刚接战
忙求饶　怎知道　敌奸刁　缓兵计　援兵调
殉国难　佟与赵　平津城　就失了　太阳旗
到处飘　敌野心　真不小　灭中国　是目标
我同胞　要明了　一件件　一桩桩　想起来
真心痛　八一三　敌逞凶　到上海　来进攻
我守军　真英勇　即开枪　作反攻　两敌兵
性命终　日本鬼　势汹汹　认机会　再难缝
大调兵　海陆空　狼子心　非常重　亡我国
灭我种　谁愿意　做奴隶　谁愿意　做仆从
快准备　向前冲　全民战　就发动　大炮声
隆隆隆　飞机声　嗡嗡嗡　战鼓声　咚咚咚
擂暮鼓　震晨钟　在华北　在沪松　全面战
气如虹　八路军　真英勇　平型关　挫敌锋
晋察冀　建奇功　救亡热　汹潮涌　众同胞
齐挺胸　拿武器　打前锋　男和女　老和童
商学兵　工与农　统一起　铁阵容　大团结
不要松　消耗战　敌技穷　持久战　竟成功
扶桑岛　有工农　受压迫　与我同　待时机
起暴动　齐反战　倒日凶　我团结　敌内讧
争胜利　靠群众　主力军　在工农　组织成
气势雄　训练好　足智勇　武艺强　实力充
护和平　联国际　亲友邦　集合齐　无产者

站起来　四亿众　齐起来　向强暴　大示威
抗日战　誓到底　新中国　就出世　新世界
就出世[①]

① 《抗日救亡三字经》是根据活道镇仙洞村何汉扬保存下来的手抄本残存部分整理的。

附录六

大事记（1919—1949）

1919年

5月5日，北京学生总罢课，并通电全国。消息传到高要县城肇庆镇，中学的师生纷纷举行演讲会，声援北京学生的反帝爱国运动。

1920年

元月，高要中学的学联会和肇庆中学的孙文学会，发动和组织学生深入到工人、农民中去办夜校，传播新思想、新文化、新形势。

1921年

春夏间，广东肇庆中学和肇庆师范的进步学生以及五四运动时期的活跃分子，在高要县城肇庆镇成立“马克思主义研究社”，阅读马克思主义的有关书刊。

秋冬间，高要县城肇庆镇先后成立车衣工会、理发工会以及土木建筑工会，领导工人开展斗争活动。

冬，广东社会主义青年团执行委员会在高要建立中国社会主义青年团肇庆分团，为高要党组织的建立和农民运动的开展准备了组织条件。

1922年

春，中国社会主义青年团肇庆分团在肇庆师范组织“晨曦社”，并在学校和工人中发展共青团员。

春秋间，陈殿帮、慕容栋等人在高要学宫（文庙）开办平民夜校。向学员宣传马克思、列宁主义的理论。

10月，以高要二区领村农民代表为主成立了端源乡农民工会筹备委员会。

1923年

5月，中共广东区委派周其鉴、陈伯忠、罗国杰、谭鸿翔等先后回到西江地区开展农民运动，到高要、广宁、四会等地农村开展农民运动的宣传发动工作。帮助高要高山乡成立农会组织。

秋，高要端源乡农民工会筹备委员会串联农民起来抗租抗税。

1924年

2月，二区区农会成立。经省批准，成立高要端源乡农民工会。

8月，高要的张桥参加了广州第二届农民运动讲习所学习。

10月，中共广东区委先后派出陈殿帮、蔡日升、黄侠山、韦启瑞、周其鉴等一批共产党员，协助高要正式成立高要端源农民协会。同时，高要第一支农民武装队伍成立。

12月，高要第一支农民自卫军正式建立。

1925年

元月，广州第三届农民运动讲习所开学，高要派出邓仲荣、伍国辉、伍腾洲、黎茂岭、陈汝波等人参加学习。

4月，高要农民运动骨干伍腾洲、李鸿雄加入中国共产党。

5月中旬，高要领村等农会收缴地方劣绅100多条枪支，武装农民自卫军队伍。

5月下旬，省农运特派员在广宁召开农协会座谈会，高要许其忠参加会议。会后，许其忠认真宣传会议精神，使高要农民协会发展到27个乡5200多户，农民自卫军增到700多人。

1926年

1月2日—4日，地主武装、反动民团袭击领村，干下烧、杀、抢暴行，酿成“高要惨案”事件。

1月7日，许其忠偕同陈佐洲、伍腾洲等人前往肇庆府署三十四团部面见团长叶挺，请求派部队支援农会，许其忠等农会干部同时面见县长李炯。李炯亲自带领县兵与独立团周士第营长同时出发到领村处理“高要惨案”事件。

13日，周士第率队回肇，将经过情况以快邮代电向省政府和省各机关团体以及广州市各机关团体报告高要“高要惨案”。

“高要惨案”发生后，国民党中央政治委员会决定成立“高要绥辑委员会”（简称“绥委会”），同意叶挺为主席，全权处理“高要惨案”事件。

23日，“高要绥辑委员会”成立，由军事委员会及国民革命第四军长官叶挺、国民党中央农民部罗绮园、省党部韦启瑞、省政府农工厅王寒烬、民政厅张次眉、省农民协会周其鉴和高要县长等7人组成，叶挺为主席。

1926年春，一区区农会成立，管辖下黄岗至大小湘一带地方。五区宋隆水一带有三十多个乡成立了乡农会。谢敬持、周铁琴在永安、莲塘一带组织成立乡农会，同时成立七区区农会，并随即解散地主豪绅把持的区局和民团局，成立农民自卫军。

2月15日，“高要绥辑委员会”主席叶挺率第三十四团第二营同绥委会各委员一起，经禄步、思可，来到高要第二区，驻领村附近的伍村。

2月16日，叶挺率官兵前往领村、波河、料村，慰问被害农民。

3月5日，反动地主又纠集民团等乌合之众五千多人。将绥委会和独立团的驻地伍村包围，猖狂地向独立团发动进攻。独立团战士击毙了一批反动民团分子，打退了敌人的进攻。

3月8日，捣毁罗建匪巢，毙敌一百五十多人，伤者无数。叶挺将收缴的三百多支枪和万余发子弹送给农民自卫军，以壮大农民的革命力量。

4月，在肇庆阅江楼召开高要县第一次农民代表大会，成立高要县农民协会。

5月28日，地主集团纠集民团、神打仔、土匪武装一千多人，攻打设在河台圩的三分区农民协会。领村农卫军和三分区农卫军一起协同战斗，击退了地主武装的进攻。

9月7日，地方豪绅进攻领村，各村农卫军及时赶到支援，活捉敌人6名，打伤19名、打死8名，缴获敌人枪支、大刀一批。

9月，成立共青团高要地方执行委员会。

1927年

4月12日，以蒋介石为代表的国民党右派在上海发动反革命政变。4月16日，国民党反动派在高要发动反革命事变，县农协委员长伍腾洲和谢敬持、周宝玑等遭杀害。

4月19日，中共广东区委在高要禄步成立了“广东省西江拥护武汉政府大同盟农会临时指挥部”，并决定以高要、新兴、云浮等县边界的农卫军为主力，攻打西江重镇——肇庆。

5月16日，高要两路农卫军协同新兴、云浮等攻打肇庆未遂，撤回原地待命起义。

6月18日，重新组建高要农民自卫军，伍耀辉任大队长，副队长聂文波、谢忠，驻守领村。

7月中旬，高要农卫军在大队长伍耀辉带领下，出击伍村地主反动民团。

8月中旬，肇庆国民党守备等团长派出一个营400多名匪徒配合高要、广宁、德庆三县联防民团数个人围攻高要农军总部——

领村。在卫军巧妙突围。

11月18日，中共高要县委员会秘密成立，有共产党员一百零二人。

1928年

2月18日，地主民团黄尉楼等二百多人围困波河，农会执委陈汝谦等15人被押解肇庆枪杀。

6月18日，高要县委召开会议选出党委委员五人，周桓同志任县委书记。

6月，高要农军游击队攻打伍村地主炮楼，打死20多名敌人。

11月，高要县委机关遭破坏。根据省委的有关指示精神，高要县委进行了第三次改组调整，卢济同志任县委书记。

1929年

3月间，根据斗争形势的变化，决定取消高要县委，成立中共高要县特别支部。与省委直接联系工作。

1931年

1月，中共广东省委机关接连遭到破坏，高要特别党支部基本上停止了活动。

1934年

8月，中共广东党的领导机关全部被破坏，高要的党组织完全停止了活动。

1936年

6月间，广东开始恢复和重建党组织，并协助高要恢复和重建党组织工作。

1938年

1月15日，侵华日军的飞机首次轰炸高要南岸青湾。

5月12日，侵华日军飞机轰炸高要县城肇庆镇。

6、7月间，中共香港党组织派林耕尧、刘名标等回到高要开展抗日救亡活动。

1939年

3月，中共西江特委正式成立，书记王均予，组织部长梁嘉，宣传兼青年部长朱荣。同月，成立中共高要县工委，领导高要人民开展抗日斗争活动。

1940年

4月，林耕尧在白土马安村成立中共高要白土党支部，以马安村为基点，开展抗日救亡活动。

年底，共产党员陈普初担任均安乡的整顿教育委员会主任，从中发动师生开展抗日救亡活动。

1942年

1月，林耕尧、陈普初把进步青年沈毅、林世光、陈瑞华等安排在学校当教师，发展和壮大革命队伍。

5月，白土党支部安排林耕尧出任副乡长兼抗日自卫联队队长，并利用公开的身份组织抗日工作。

1944年

10月，广东人民抗日解放军第二团在高要蛟塘、横江乡一带活动，并在鳌头村建立交通联络站。同月，林耕尧、陈普初在白土圩建立交通联络站。

11月，国民党反动军队廖强带领三百余人在洞口扫荡抗日解放军，抗日解放军第三团采取突袭行动，打破了敌人的扫荡计划。

12月，国民党一五八师四零八团到上横江进行扫荡，广东人民抗日解放军第三团在高要、高明交界的老香山脉凤凰岭伏击歼敌，粉碎了敌人的一次大规模扫荡。

1945年

年初，高要党组织恢复组织活动。

春天，广东人民抗日解放军三团挺进高要良村，建立良村交通站和发展赤水塘、刘村、虎坑交通站。

4月7日，广东人民抗日解放军三团第一连由伍真指导员率领袭击敌人特务队，俘敌80多人，缴获步枪80多支，一挺重机枪，一挺轻机枪、两支冲锋枪。

4月10日，广东人民抗日解放军三团400多名官兵在金渡的烂柯山潜伏，拦截日本电船。这艘日本电船被袭击后，逃至金利附近江面沉没了。

1945年

9月，国民党广东省保安第八大队四百多人在高要的横江、鳌头等村扫荡广东人民抗日解放。三团于十九日占领石壁岭。20日早上，敌人200人也向石壁岭爬来，双方展开激战，敌人以失败告终，史称“石壁岭战斗”。

12月，中共西江特别委员会成立，书记梁嘉，副书记谢斌，组织部长王炎光，宣传部长刘向东。

1946年

6月，广东人民抗日解放军部分人员随东纵北撤后，梁文华、叶琪等12位同志在新高鹤地区坚持武装斗争。

7月，中共党组织从滨海调李法等同志来新高鹤地区指挥武装斗争工作。

秋末冬初，西江人民义勇队广（宁）高（要）边区队政委欧新、队长林锋以及武工队卢火全等人在水南分界村成立开荒生产委员会。同年冬，伍新、伍子绵、伍强入党，成立了鳌头中共党支部。

1947年

4月，鳌头村党支部发动群众，先后打开光远堂、世德堂等公偿粮仓，得粮十万斤，发给缺粮断炊群众和支援部队。

6月26日，西江人民义勇队广（宁）高（要）边区游击队毙伤敌人30多人。

1948年

3月，中共新高鹤区工委成立，书记周天行，委员梁文华、杨德元和成立新高鹤人民解放军总队，队长梁文华、政治委员周天行、副总队长叶琪、沈鸿光（兼参谋长）、政治处主任杨德元、副主任李法。同月，中共要明边县工委（代号大别山）成立，书记李法、委员叶琪、古海生，并作出《巩固高明老区，发展要南新区》的决定。同月，为粉碎敌扫荡，新建一支武工队，队长彭社，政治指导员林源。

4月，要明边工委为加强对二区武工队的领导，派郭权任政治指导员，阮明任队长，在八乡片开辟新游击区。同月，中共绥发江地区委员会成立，书记叶向荣，组织广宁、四会、高要（北部）、德庆、封川、开建、怀集（南部）等县军民开展武装斗争活动。

5月，活道横江片各村在黎斌武工队的发动和组织下，建立农会，开展借粮、借枪和减租减息的群众运动。同月，建立江仰交通总站，周林任站长，主要搜集高要、云浮、新兴、高明等方面情报。

5月16日，要明部队湖南连及高要二区民兵奉命随总队袭击庵村等三村敌自卫队。

7月，在活道涤上集合各村民兵200多人，举行大检阅，震慑敌人。同月，二区上迳、横江、八乡三片已有53个村庄约14000余人建立起农会，开展了“二五减租”运动。

8月，为“饮马西江”，要明部队作出了“攻打水口，消灭守敌，扫除障碍，建站收税”的重要决定。

8月16日，武工队周密侦察后，政委李法与副团长何江集结要明部队共百余人，入夜时分自高要祖坑出发，出击水口敌据点，俘敌乡长苏启南、乡队副伍必寿等。

8月中旬，建立新兴江水口税站，为要南部队乃至新高鹤部队拓展了军需财源。

9月，中共要明新县工委成立，书记李法、副书记郑靖华、委员古海生、叶琪。同时，成立江南工委，管辖二区之上迳、八乡、横江一带，书记伍新、副书记郭权、委员有阮明、林甄、周林。同月，建立肇庆交通情报站，黄永强任站长，由县工委在鳌头党支部抽调伍南、赵才任交通员。

9月30日，要南部队参加塘面伏击战，全歼敌一个加强连，被誉为广东全歼敌正规连两模范战例之一。

12月，开辟烂柯山，击毙“撞死马”（绰号，原名李德），为“饮马西江”清除障碍。

1949年

1月，中共高要县工委成立，书记李法，吴耀明副书记兼组织部长，委员叶琪、陈普初。

年初，禄步交通站接受由香港地下党派回的邓军、吕毅子、潘斌以及剂文耀等人，以教师身份开展统一战线工作和向部队和游击队搜集情报等项任务。

2月，东纵北撤前后撤离高要的陈普初、林耕尧、陈非等陆续回到白土开展革命武装斗争。

2月，江南大队和三区区中队成立。江南大队队长伍鉴衡，政治教导员伍新，副大队长阮明，副政治指导员郭权。成立三区中队，中人长林榆、政治指导员黎团。成立东区白土武工队，为突破西江，向要北挺进打下基础。武工队直接受县工委和团部指挥。

3月初，县工委召开第一次扩大会议，传达地工委《准备迎接大军的通知》精神，并作出决定：巩固以要南老区为依托，扩大白土平原和开发西江沿岸新区，进军西江北岸，解放全高要。

4月，林榆、黎团率花江队越过白土平原，进军烂柯山，为“饮马西江”开路。

5月25日，高要县人民政府在二区鳌头村成立，县长冯光、副县长陈普初。

6月中旬，二区人民政府在东横江村成立，区长伍新。

6月下旬，三区人民政府在洞口村成立，区长林源。

5、6月间，建立宋隆水口税站，对航行西江的商船征税，为部队新辟财政来源。

6、7月间，二区鳌头等四村和三区花根坪等乡村相继成立村政府。

7月18日，成立中共粤中临时区委及中国人民解放军粤中纵队，下设第二支队（广阳）、第四支队（三罗）、第六支队（新高鹤）和滨海总队。随后，新高鹤地工委改为新高鹤地委，新高鹤总队改为粤中纵队第六支队，司令员吴桐，政治委员周天行，副政治委员梁文华，政治部主任杨德元。要南部队改为第六支队第十八团，团长叶琪、政治委员李法，副团长何江。

7月，县工委在二区姚村召开全县第一次妇女工作会议，曹慕涛主持。会上，成立高要县民主妇女联合会，选举曹慕涛为主任。

8月1日，中共高要县工委、高要县人民政府和十八团的领导人率各单位党政人员和各部队指战员随地委、支队在高明合水汇合兄弟部队参加区党委和纵队召集的庆祝“八一”建军节大会。

8月初，敌保二师一个加强营约800人扫荡游击区，为残敌南逃开道，困缩白石村。十八团团长叶琪率大鹏连等会同自鹤山回师的支队主力发起对该敌的攻击。敌不支溃退，绕道逃逸。

9月5日，县工委调整干部的配置，整编部队，加强迎接解放高要的部署，中共高要县工委书记李法、副书记吴耀明，委员叶琪、陈普初。各区委和部队领导人也作了相应调整。

9月上旬，县工委召开扩大会议，部署了反扫荡的任务。

9月，部队进行新式整军运动，查思想、查纪律，整顿非群众观点、自由主义，提高阶级觉悟，坚定立场，加强团结。

10月1日，中国人民解放军粤中纵队第六支队第十八团和第二区、第三区两个区的区中队全体官兵及群众1000多人，在二区鳌头村召开庆祝中华人民共和国成立大会。大会进行了升国旗仪式，高要升起了第一面中华人民共和国国旗——五星红旗。

10月12日，高要县工委和十八团成立高要县支前司令部，领导全体军民开展支前工作和加紧城市工作，防止敌人破坏，争取实现和平接管政权。

10月16日，中国人民解放军野战军第四兵团在高要莲塘击溃敌第十三兵团。

10月18日，中国人民解放军南下大军进驻水南，粤桂湘边纵队绥贺支队独立团政委配合南下大军在水南歼灭逃向德庆的敌人，并带领部分指战员到禄步镇召开各界人士会议，成立支前委员会，同时，成立军管会，禄步解放。

10月20日，中国人民解放军粤中纵队第六支队十八团随支队在金渡乘轮船过江，于二塔登岸挺进肇庆。城工人员组织群众队伍夹道欢迎进城后即成立中国人民解放军肇庆区军事管制委员会，主任吴桐、副主任梁文华。中国人民解放军粤中纵队第六支队第十八团指战员和高要县人民政府干部，在军管会领导下，顺利进行对县城肇庆镇和各区的接管工作。

肇庆解放，全高要解放。

11月21日，省人民政府任命梁巨墀为高要县县长，李法为副县长。

后记

《肇庆市高要区革命老区发展史》在高要区委、区政府的高度重视和直接指导下，经编委全体成员的共同努力，历时两年，现已成书出版。本书的顺利编纂，倾注了编委们严谨认真、高度负责、一丝不苟的奉献精神和工作态度。特别是老促会的老同志不惜年高，亲力亲为采集史料，撰写文稿，整理编辑，为这部史书发挥了余热，作出了贡献。此外，还得到区委办、区府办和区政协文史科、党史研究室、地方志办公室、民政局、档案局等部门及有关单位的鼎力支持、协助。在此，向所有参与编纂《肇庆市高要区革命老区发展史》而付出辛勤劳动的同志表示敬意和感谢。

《肇庆市高要区革命老区发展史》是一部比较完整的史书，记录了高要区新民主主义革命期第一次国内革命战争、土地革命战争、抗日战争、解放战争四个阶段和新中国成立后至改革开放的历次重大历史时代的史实，跨越近百年时空，说是史书，也只是鳞爪。所以，本书以20多万字的篇幅是难以满足详述要求的，甚至挂一漏万，谨以致歉。

编纂史书，我们还属首次，由于经验不足，更囿于水平，不尽完善或错漏之处，敬请读者见谅、补正。

肇庆市高要区革命老区发展史编委会

2020年12月18日